Wilhelm   Bode

Die Italienische Plastik

Wilhelm Bode

Die Italienische Plastik

ISBN/EAN: 9783337199517

Hergestellt in Europa, USA, Kanada, Australien, Japan

Cover: Foto ©Andreas Hilbeck / pixelio.de

Weitere Bücher finden Sie auf **www.hansebooks.com**

DIE

ITALIENISCHE PLASTIK

VON

WILHELM BODE

MIT 86 ABBILDUNGEN IM TEXT

ZWEITE AUFLAGE

BERLIN
W. SPEMANN
1893

Inhaltsverzeichnis

Altchristliche Plastik

(um 300 bis 600 n. Ch.).

Das Auftreten und der schließliche Sieg des Christentums, welches die alte Welt zertrümmerte und eine neue Kultur an seine Stelle setzte, hat zur Belebung der Kunst zunächst nicht beigetragen. Die künstlerische Schöpfungskraft war im weströmischen Reiche zur Zeit Konstantin's schon völlig erloschen; die Kunst, zumal die bildnerische, die recht eigentlich die Kunst der Antike gewesen war, zehrte von Traditionen, welche mehr und mehr verblaßten; und in den immer roheren und empfindungsloseren, immer spärlicheren Nachbildungen verlor sich allmählich auch die handwerksmäßige Fertigkeit. Für den Bronzeguß fehlte es, von Werken der Kleinkunst abgesehen, an Ausdauer und technischem Können, für die Ausführung von Freifiguren überhaupt an künstlerischem Vermögen; die bildnerische Thätigkeit wurde daher bald auf das Relief beschränkt, und auch dieses wurde vorwiegend im Kleinen ausgeführt.

1. Bronzestatuette des hl. Petrus

Die christliche Religion war schon an sich für die plastische Gestaltung ihrer Ideen und Personen wenig geeignet, sie war ihr auch durch ihren Zusammenhang mit dem

5

mosaischen Gesetz abgeneigt; in Folge dessen wurde die Plastik von den großen monumentalen Werken, welche die Anerkennung des Christentums als Staatsreligion notwendig machte, so gut wie ganz ausgeschlossen. Aber auch der greisenhafte Zustand der Zeit, das Fehlen jeder erfinderischen Kraft für die neuen künstlerischen Aufgaben, welche durch das Christentum und die christliche Staatskirche erwuchsen, machte ein Zurückgehen auf antike Vorbilder und teilweise selbst auf antike Motive, ja eine knechtische Entlehnung derselben notwendig. Selbst die Aufgaben blieben im Grunde die alten; man erfüllte sie nur mit neuem Geist.

427. Elfenbeinpyxis

In erster Linie steht, als Ausfluß des tiefgewurzelten altitalienisch Totenkultus, der Schmuck der Sarkophage; daneben die kleine Plastik, namentlich die Elfenbeinschnitzerei und der Schmuck der Lampen, die in den Katakomben eine reiche Verwendung zu heiligen Zwecken fanden. Bei der Ausführung dieser Bildwerke schlössen sich die Künstler den heidnischen Vorbildern unmittelbar an; Stil und Technik blieben dieselben, verloren aber schließlich auch den letzten Zusammenhang mit der Natur. Zur Schöpfung heiliger Typen, wie sie der neue

Glaube erfordert hätte, war eine solche Plastik nicht mehr befähigt. Für Christus und einige der vornehmsten Apostel, namentlich Petrus, hatte die historische Tradition in der vorausgegangenen Zeit die Vorbilder festgestellt; im Übrigen sind fast alle anderen Gestalten schemenhafte Nachbildungen heidnischer Vorbilder. Die Einzelfigur trat zurück; das erzählende Relief, von der Malerei abhängig und ein notdürftiger Ersatz derselben, wurde fast ausschließlich, wie in den Anfängen der Kunst, eine bildliche Erläuterung des neuen Glaubens.

Diese aus spätrömischer Tradition herausgewachsene und in römischer Form und Auffassungsweise in die Erscheinung tretende Kunstübung, die als altchristliche Kunst bezeichnet wird, starb langsam ab unter den Stürmen der Völkerwanderung, in denen das weströmische Reich durch deutsche Völkerschaften zertrümmert wurde, die nicht im Stande waren, dauerhafte Zustände an die Stelle zu setzen.

429. Elfenbeintafel.

Die Werke italienischer Plastik aus dieser Zeit, die überhaupt spärlich sind, haben nur selten ihren Weg aus Italien herausgefunden; was sich im Auslande findet, gehört fast ausnahmslos der Kleinkunst an; vorwiegend sind es Werke der Elfenbeinplastik. Die Berliner Sammlung besitzt, als große Seltenheit, die kleine Freifigur eines Petrus aus Bronze (No. 1); eine Arbeit des IV. Jahrh., die durch ihren unmittelbaren Anschluß an eine antike Rednerstatue, trotz der rohen Bildung der Extremitäten, noch eine gewisse Lebendigkeit in der Haltung und im Ausdruck besitzt. Ebenso rein antik erscheint die gleichzeitig entstandene Elfenbeinpyxis mit der Darstellung Christi zwischen den Aposteln und dem Opfer Abrahams (No. 427), die, Dank der leichteren Bearbeitung des Materials, feiner in der Durchbildung ist; sie ist eines der besten Beispiele altchristlicher Elfenbeinplastik. Die Ausartung derselben in flüchtige Roheit zeigt das Bruchstück einer anderen Pyxis (No. 430) mit einer Darstellung des kleinen Joseph zwischen seinen Brüdern, die wohl erst dem VI. Jahrh. angehört. Für den Einfluß, den die allmählich aus der Antike sich eigenartig entwickelnde byzantinische Kunst schon damals von Ravenna aus auf einzelne Teile von Italien ausübte, ist das große Diptychon mit dem thronenden Christus zwischen Petrus und Paulus und mit Maria zwischen zwei Engeln (No. 428 und 429) ein besonders charakteristisches, vorzügliches Beispiel. Die Arbeit stimmt mit den Elfenbeinreliefs am Throne des Maximian († 556) in Ravenna überein und darf daher als gleichzeitige Arbeit eines Künstlers in Ravenna gelten.

Die romanische Epoche

(um 600 bis 1250).

4. Sarkophag aus Venedig.

Nach den furchtbaren Verheerungen und Plagen, mit welchen Italien seit der Zertrümmerung des weströmischen Reiches in verstärktem Maße heimgesucht wurde, war die Begründung des Longobardenreiches eine erste, wenn auch nur schwache und kurze Erholung für das verwüstete, menschenleere Land. In solchen Nöten hatten die Künste keine Pflege finden können, waren selbst die Keime erstickt, aus denen sich Neues hätte entwickeln können. Aber auch nach der Aufrichtung des Longobardenreiches verging fast ein halbes Jahrtausend unter fortwährendem politischen Elend, bis in Italien der Boden für eine nationale Kunstentwickelung wieder bestellt war. Freilich war das Bedürfnis zu künstlerischer Ausgestaltung und Ausschmückung der Umgebung, namentlich der Gotteshäuser, selbst in dieser kunstarmen, unkünstlerischen Zeit nicht erloschen; und wo höhere Anforderungen gestellt wurden, mußte man sich an das Ausland wenden. Schon die ersten unter den Longobardenkönigen zogen daher byzantinische Künstler an ihren Hof, und später sehen wir wiederholt in den verschiedensten Teilen von Italien, namentlich in Venedig und Süditalien, byzantinische Künstler eine hervorragende Thätigkeit entfalten.

9

Regelmäßig wiederholt sich dabei dieselbe Erscheinung: die Vorbilder, welche diese fremden Künstler schufen, wurden barbarisch nachgeahmt, ohne daß sich daran eine eigenartige lebensfähige Kunstthätigkeit anzuschließen im Stande war.

Besonders tief ist in diesem langen Zeitraume der Stand der bildnerischen Kunst. Hier wirkte noch der Umstand sehr ungünstig ein, daß die der figürlichen Plastik abholden Byzantiner fast nur nach der ornamentalen Seite Vorbilder lieferten. Diese byzantinische und byzantinisierende Dekorationsweise trägt den Charakter einer teppichartigen Flächendekoration, welche Wandfüllungen, Ballustraden, Kapitelle u. s. f. vollständig bedeckt. Gewinde von Weintrauben oder Epheu, Akanthusblätter und Akanthusranken umgeben Krucifixe, Rosetten oder Tiere mit symbolischer Beziehung, oder bilden den Grund, auf dem sich dieselben abheben. Auch das aus dem Norden Europa's stammende Bandgewinde, phantastisch und oft sehr zierlich verschlungen, hat sich hier eingefunden. Wo diese Ornamente rein und gut gearbeitet sind, dürfen wir, nach dem Vergleich mit erhaltenen Arbeiten im Gebiete des alten byzantinischen Reiches, auf die Hand von byzantinischen Künstlern schließen. Besonders reiche und gute Beispiele der Art bieten Rom, Brescia und namentlich Venedig und Torcello. Von letzteren besitzt auch die Berliner Sammlung, aus der 1841 erworbenen Sammlung Pajaro, eine Anzahl interessanter Stücke, welche teils noch von dem alten Markusdom (aus dem Jahre 829, so das Fenster No. 2 und die Muscheldekoration No. 6), teils von dem Umbau nach einem Brande im Jahre 976 herrühren; von letzterem ein Paar Kapitelle (No. 8 und 9) u. a. m. Die Pfauen am Brunnen (No. 7) aus frühester byzantinischer Zeit. Auch die seltenen feineren Arbeiten der kleinen Plastik: Altarvorsätze in edlen Metallen, Elfenbeinarbeiten, namentlich die

Kästchen mit Einzelfiguren von Kämpfern u. dergl., sind regelmäßig Arbeiten byzantinischer Künstler, die im IX. und X. Jahrh. in Italien beschäftigt waren.

Weit zahlreicher und über ganz Italien zerstreut sind die italienischen Nachbildungen solcher byzantinischer Vorbilder in Stein, die durch den Mangel an Originalität der Erfindung und an dekorativem Sinn, wie durch auffallende Roheit der Ausführung sich unschwer als Arbeiten einheimischer Steinmetzen kennzeichnen. Neben Venedig und seinen Nachbarorten sind Cividale, Ancona, Rom mit Bauten, an denen dekorative Bildwerke dieser Art ursprünglich oder von älteren Monumenten angebracht sind, besonders reich; sie finden sich aber auch bis nach Sicilien hinein. Das Berliner Museum hat von solchen Arbeiten namentlich ein Paar interessanter Sarkophage (No. 3 und 4) und einen Thürbogen (No. 5) aufzuweisen, die dem VIII. und IX. Jahrh. anzugehören scheinen.

Erst im XI. Jahrh. beginnt langsam aber stetig und fast gleichzeitig in verschiedenen Teilen Italiens eine nationale Kunst wieder einzusetzen; zunächst in der Architektur, welche allmählich auch die Plastik zu ihrer Beihülfe heranzieht. Dieselbe erstarkt während des XII. Jahrh. im gesunden Anschluß an die Baukunst und gelangt um die Mitte des XIII. Jahrh. zu einer selbständigen künstlerischen Entfaltung. Für den Verlauf dieser Entwickelung in den einzelnen Teilen Italiens ist namentlich der verschiedene Einfluß maßgebend, der von außen auf die bildnerische Thätigkeit einwirkt. In Venedig und seiner Nachbarschaft bleiben für lange Zeit noch die Vorbilder der byzantinischen Bildwerke der Ausgangspunkt für die einheimische Plastik. In Süditalien und Sicilien sind gleichfalls byzantinische Künstler noch bis in das XII. Jahrh. thätig; neben ihnen macht sich aber auch arabischer Einfluß in eigentümlicher Weise geltend. Unabhängiger von der östlichen Kunst zeigt sich die Plastik in Mittel- und Oberitalien. In Mittelitalien, in Rom wie in Toskana in eigener Weise, bilden die zahlreichen Überreste spätrömischer und etrurischer Plastik den Anhalt für die ersten unbeholfenen Versuche in der eigenen Kunstübung. Am selbständigsten und bedeutsamsten entwickelt sich die plastische Kunst von vornherein in der Lombardei, zuerst in Mailand und Verona, dann namentlich in Parma und Modena; lombardische Steinmetzen und Bildhauer verbreiten sich weiter über Ober -und Mittelitalien und tragen auch hier zu einer freieren, selbständigen Entwickelung der Plastik wesentlich bei.

454. Elfenbeinrelief der Kreuzigung.

Süditalien war als Bestandteil des oströmischen Kaiserreichs auch in künstlerischer Beziehung von Byzanz abhängig geblieben und diese Abhängigkeit bekundete sich auch noch, nachdem ganz Sicilien in die Hände der Araber fiel und Ende des XI. Jahrh. Süditalien samt Sicilien von den Normannen erobert wurde. Der bildnerische Schmuck der kirchlichen Monumente hat entweder rein ornamentalen Charakter oder die Bildwerke tragen auch im Großen den

12

Stil der Kleinkunst. Dies gilt namentlich für die Bronzethüren, welche aus einer Reihe kleiner Platten mit winzigen figürlichen Darstellungen zusammengesetzt sind. Diese wurden anfangs in einer Art Niellotechnik hergestellt, später, seit der Mitte des XII. Jahrh. in einzelnen Platten mit Reliefs gegossen. Sie erscheinen im Stil von den Elfenbeinreliefs abhängig; erstere sind durchweg byzantinische Arbeiten, letztere wurden meist schon von Italienern ausgeführt, bekunden aber noch stark byzantinischen Einfluß. Unter diesem Einfluß entwickelte sich Ende des XI. und im XII. Jahrh. eine regere und in ihrer Art recht tüchtige Kleinplastik mit lebendig erzählendem, wenn auch kindlich naivem Charakter; zumeist in Elfenbein, worin der bekannte Altarvorsatz im Dom von Salerno das Hauptstück ist; vereinzelt auch in Stein, wie in den zierlich gearbeiteten Marmortafeln im Dom zu Neapel, die durchaus im Stil der Elfenbeinreliefs behandelt sind. Die Berliner Sammlung besitzt verschiedene Elfenbeinreliefs, die denen in Salerno nahe verwandt sind (No. 436, 453 u. 454) und offenbar den gleichen Ursprung haben; und für jene Marmorreliefs erscheinen die Darstellungen aus der Schöpfung auf einer Elfenbeintafel der Sammlung (No. 455) wie die unbeholfenen, altertümlichen Vorbilder.

28. Büste einer süditalienischen Fürstin.

In der kurzen Zeit des Friedens und äußeren Gedeihens der süditalienischen Provinzen unter der Herrschaft Friedrichs II. brachten die Cosmaten aus Rom ein neues Element in die Dekoration. Aus dergleichen Zeit oder wenig später sind aber auch einige Stücke großer Plastik erhalten: verschiedene Porträtbüsten, die sich bisher schwer in Zusammenhang mit der übrigen Entwickelung der Plastik in Süditalien bringen ließen. Zwar scheinen die Büsten im Museum zu Capua vielmehr Arbeiten aus der letzten Verfallzeit römischer Kunst zu sein; aber es bleiben als zweifellose Arbeiten dieser Zeit ein paar Frauenbüsten, die der Sigilgaïta Rufolo an der Kanzel im Dom zu Ravello und zwei verwandte, aber flüchtiger behandelte Reliefköpfe an derselben Kanzel (vom Jahre 1272), sowie die aus der unmittelbaren Nachbarschaft von Ravello stammende Büste einer jungen Fürstin in Berlin (No. 28). Beide Büsten, obgleich unter sich nicht unwesentlich verschieden, stimmen in dem Streben nach möglichstem Anschluß an spätrömische Arbeiten, selbst in der technischen Behandlung überein. Bei der Vereinzelung dieser Bildwerke

14

liegt es näher, dieselben auf Einflüsse der Kunst der Pisaner Meister (s. S. 16) zurückzuführen, als umgekehrt daraus auf Süditalien als die Heimat der Kunst des Niccolo Pisano zu schließen. Wie roh die große Plastik in Süditalien damals noch war, dafür giebt die Statue Karls von Anjou, die jetzt an der Treppe des Conservatorenpalastes zu Rom steht, augenfälligen Beweis.

In Venedig und seiner Umgebung finden wir gleichzeitig eine der süditalienischen verwandte Entwickelung der Plastik: auch hier verhindert der byzantinische Einfluß eine freie eigenartige Gestaltung; auch hier sind noch lange Zeit byzantinische Künstler hervorragend thätig und liefern auch später durch ihre Arbeiten die Vorbilder für die flüchtigen Nachbildungen der einheimischen Künstler. Mehr noch als in Süditalien bleibt in Venedig der bildnerische Schmuck auf ornamentale Verzierungen beschränkt, die mit Tierdarstellungen in phantastischer Weise verquickt sind. Ein charakteristisches Zeichen für die Scheu vor freier Skulptur ist der Umstand, daß noch um die Mitte des XIII. Jahrh. für die Monumente der Dogen antike Sarkophage benutzt wurden. Wo uns an den Bauten dieser Zeit plastischer Schmuck begegnet, ist er entweder aus dem Orient herübergeholt oder orientalischen Vorbildern nachgeahmt. Ausnahmen, wie die Säulen des Tabernakels in San Marco, (wenn nicht zum Teil früh-christlich), bestätigen nur die Regel: sie sind ganz nach Art der Elfenbeinschnitzwerke und der Goldschmiedearbeiten eingeteilt und mit ganz kleinen Reliefdarstellungen wie übersponnen, Arbeiten, die in ihrer sauberen, ängstlichen Ausführung jeden größeren bildnerischen Sinn vermissen lassen. Das Berliner Museum besitzt eine ganze Sammlung charakteristischer venezianischer Dekorationsstücke, wie sie noch heute das Äußere und Innere der romanischen Kirchen und die Fassaden der gleichzeitigen Paläste Venedigs und der Nachbarorte auf den Inseln in reicher musivischer Anordnung bedecken. (No. 11ff.).

Noch ausschließlicher als in Süditalien und Venedig bleibt in Rom die Thätigkeit der Bildhauer auf rein dekorative Arbeiten beschränkt; ja diese verzichtet selbst auf eigentlich plastische Ornamentik und bildet dafür ein zierliches und farbenreiches musivisches Schmucksystem aus, welches mit Anlehnung an antike Vorbilder aus dem unerschöpflichen Vorrat an römischen Baustücken in wertvollen Steinen aller Art sein Material herbeiholt und gerade durch die Fülle und den Wert desselben zur Ausbildung dieser Dekorationsweise angeregt wurde; als Cosmatenarbeit benannt, weil namentlich der Marmorarius C o s m a s und seine Familie dieselbe ausübte. Ein Beispiel dafür, doch schon aus späterer Zeit, bietet die Aschenurne (No. 31).

28A. Marmorbüste aus Rom.

Zwischen diesen Arbeiten steht das Bruchstück eines großen plastischen Werkes, welches in Rom ausgegraben wurde und das sich jetzt im Berliner Museum befindet, bisher vereinzelt und unerklärt da: der kolossale Marmorkopf eines bärtigen Mannes, den der Reif im lockigen Haar wohl als Fürsten charakterisiert (No. 28A). Neben den oben genannten, etwa gleichzeitigen süditalienischen Büsten fällt in diesem Marmorwerke der enge Anschluß an antike Büsten archaischen Stils, sowie die außerordentlich saubere Ausführung und teilweise schon individuelle Empfindung auf, wie sie sich z. B. in der Behandlung des Ohres bekundet. Die eigentümlich stilisierte Behandlung des flach anliegenden lockigen Barthaares findet sich ganz übereinstimmend im Haar der Bronzewölfin im Kapitol, die auch sonst in ihrer Auffassung und Behandlung mehr mittelalterlichen als antiken Charakter hat. Wir werden daher auch dieses Werk der römischen Plastik des XIII. Jahrh. zuzuschreiben haben, die uns in ihrer Entwickelung und im Zusammenhang mit der Plastik des übrigen Italien noch manches zu raten giebt.

Eine klare und stetige Entwickelung und eine reichere Entfaltung zeigt die Skulptur nur in Norditalien und Toskana. Von vornherein, seit dem Anfang des XII. Jahrh., tritt sie hier in gesunder Verbindung mit der Architektur zur Hebung und Belebung ihrer Glieder auf; auch geht sie denselben Weg, den sich hier die selbständige Entwickelung der Architektur bahnt: vom Mittelpunkt des alten Longobardenreiches, von Mailand und seiner Umgebung, wird sie durch Marmorarbeiter dieser Orte (namentlich aus Como) nach Mittelitalien übertragen und lange Zeit vorwiegend durch diese »Comasken« ausgeübt. Die Lombardei selbst hat nur dürftige Reste aufzuweisen; die großen Reliefs am Tabernakel über dem Hochaltar in S. Ambrogio zu Mailand sind in ihrer starren Regelmäßigkeit, wenn nicht von byzantinischer Herkunft, doch erst aus dem XIII. Jahrh.; das beweisen die rohen Skulpturen der Porta Romana vom Meister A n s e l m u s , die aus den Jahren 1167 bis 1171 datieren. Sehr bedeutend sind dagegen die Überreste, welche heute noch in Verona erhalten sind: das Portal des Domes (1135) und namentlich die Fassade von S. Zeno sind hier mit reichstem Skulpturenschmuck verziert. Beide Arbeiten gehen wenigstens teilweise auf Meister N i c o l a u s zurück, der an S. Zeno mit dem Meister W i l h e l m zusammen arbeitet, dann am Dom von Modena thätig ist und 1139 auch das Portal des Domes zu Ferrara mit reichem plastischen Schmuck versieht. Neben diesen Steinarbeiten bieten die aus vielen ehernen Platten bestehenden Thürflügel von San Zeno das Bild einer äußersten Barbarei in allen körperlichen Bildungen dar. Die einzelnen Tafeln könnten auch verschiedenen Ursprungs und Alters sein. Mit einigen älteren deutschen Bronzearbeiten haben sie gemein, daß die Figürchen in ihrem starken Hochrelief wie aufgenietet erscheinen. Teppichartig bedecken die Marmorreliefs die Wände und zeigen eine kindlich naive, unbeholfene und derbe, ja selbst rohe, aber eigenartige Erzählungs- und Darstellungsweise. Das Relief springt hier durchweg kräftig über den Rahmen hinaus, der ganz flach bleibt; doch sind die Figuren, selbst die Extremitäten dabei gleichmäßig in der Fläche gehalten. Die viel lebendigeren und besser verstandenen Figuren an dem Taufbecken in S. Giovanni in Fonte zu Verona gehören schon einer vorgeschritteneren Zeit an und verraten, wie die gleichzeitigen venezianischen Bildwerke, die Schulung durch byzantinische Künstler und Vorbilder.

Den Arbeiten in Verona und Ferrara sind die noch umfangreicheren Skulpturen in Parma und dem benachbarten San Donino schon wesentlich überlegen. An beiden Orten ist B e n e d e t t o   A n t e l a m i, der sich in bezeichneten Arbeiten zwischen den Jahren 1178 und 1196 nachweisen läßt, der maßgebende Künstler. Hier wie an den vorgenannten Orten sind die Portale Mittelpunkt des Reliefschmuckes, welcher das Bogenfeld, den Bogen, Sturz und Pfosten, vielfach auch die Wandflächen zu den Seiten und den Baldachin vor der Thür bedeckt, und dessen Motive Scenen aus dem alten und neuen Testament, namentlich aus der Schöpfungsgeschichte und der Passion, dann Folgen genreartiger Darstellungen der Monate, sowie (an den Einrahmungen, als Säulenträger u. s. f.) phantastische Tierbilder und gelegentlich Darstellungen lokaler Beziehung zeigen. Im Innern ist der plastische Schmuck weit spärlicher; die Kapitelle der Säulen, Kanzeln, Lettner, Taufbecken, Weihwasserbecken und einzelne Architekturteile sind mit Reliefs geschmückt, die sich aber leider meist nicht mehr an ihrem Platze befinden. Die Arbeiten Antelami's zeichnen sich vor den älteren lombardischen Bildwerken aus durch glückliche architektonische Verteilung, klare Anordnung, saubere und gleichmäßige Ausführung, durch ausgebildete Reliefbehandlung, bessere Naturbeobachtung und namentlich durch feinere innere Beziehungen ihres Ideengehaltes. Dies gilt in höherem Maße noch von einigen jetzt aus ihrem Zusammenhange gerissenen Skulpturen im Innern des Baptisteriums, die schon dem XIII. Jahrh. angehören. Ungeschickter und flüchtiger in der Arbeit, aber durch den reineren Reliefstil, der die Figuren schon fast frei gerundet vor den Grund stellt, sind von Interesse die Monatsdarstellungen am Dome von Ferrara und die von derselben Hand herrührende Anbetung der Könige über der Thür von S. Mercuriale zu Forlì; wahrscheinlich schon aus der Mitte des XIII. Jahrhunderts. —

Wenig später, aber unter anderen Bedingungen, entstand und entwickelte sich die Skulptur in Toskana, wenn sie auch mit der lombardischen Kunst Beziehungen hat und aus der Lombardei sogar eine Reihe ihrer Künstler bezog. In höherem Maße als in der Lombardei war in Toskana die Plastik abhängig von der Architektur, welche dort bald nach der Mitte des XI. Jahrh. an den Formen der Antike in sehr eigenartiger Weise sich als Basilikenbau entwickelt hatte. Die innere Gestaltung erhielt in der Fassade einen reichen organischen Ausdruck; teils in einer Art farbiger Steinmosaik, wie an San Miniato vor Florenz, teils in Säulenarkaden, wie zuerst am Dom zu Pisa. Der feine architektonische Sinn ließ hier nur eine beschränkte Mitwirkung der freien Plastik zu; auch machte sich diese erst nach Verlauf eines vollen Jahrhunderts, nach der Mitte des XII. Jahrh. geltend. Außen blieb sie im Wesentlichen auf den Thürsturz und die Thürflügel beschränkt, im Innern wurde ihr der Schmuck der Kapitelle, des Taufbeckens und namentlich der Kanzel überwiesen, welche gerade damals durch die Predigerorden, die Dominikaner und Franziskaner, eine besondere Bedeutung erhielt.

Die frühesten dieser Bildwerke besitzt Pistoja. Ein Meister G r u a m o n s fertigte 1162 am Thürsturz des Hauptportals von S. Giovanni Fuorcivitas das Abendmahl und 1166 für San Andrea an derselben Stelle die Anbetung der Könige. Als Verfertiger der Kapitelle dieser Thür nennt sich der Meister E n r i g u s . Ein Jahr später entstand das Relief am Architravbalken der Thür von S. Bartolommeo in Pantano. Den gleichen Charakter tragen die jüngeren, aber trotzdem roheren Bildwerke an der Kanzel in Groppoli vor Pistoja, sowie der Erzengel Michael ebenda (vom Jahre 1194), letzterer interessant als Freifigur. Gleichzeitige Arbeiten derselben Richtung sind (von zahlreichen, überall im nordwestlichen Toskana zerstreuten skulptierten Kapitellen, Säulenbasen u. dergl. abgesehen): in Pisa die Architravskulpturen an S. Casciano und das Relief mit Christus zwischen den Apostelsymbolen von einem Meister B o n u s a m i c u s (jetzt im Campo Santo), in Lucca der Portalschmuck des Meisters B i d u i n u s an S. Salvatore und die Reliefs des Taufbeckens vom Meister R o b e r t u s in S. Frediano, letztere wohl die tüchtigsten von allen diesen

Arbeiten. Zu den spätesten, aber trotzdem noch fast rohen Arbeiten dieser Art zählen die Bildwerke am Dom zu Arezzo, der zweiten Hälfte des XII. und dem Anfang des XIII. Jahrh. angehörend. Dasselbe gilt auch noch von den Arbeiten des M a r c h i o n n e (vom Jahre 1216).

21D. Bemalte Madonnenstatue des Presbyter Martin.

Alle diese Werke halten sich auf dem Niveau der Arbeiten von Steinmetzen, welche die Ornamente an den Kirchenbauten auszuführen gewohnt sind. Sie behandeln daher ihre Reliefs in der Komposition und in der Wiedergabe der menschlichen Gestalt genau wie ihre Ornamente: die Figuren sind ganz in der Fläche gehalten und möglichst zur Ausfüllung des Raumes benutzt, so daß der Grund ringsum ausgehoben erscheint und die Gestalten in der Regel mit den Füßen den unteren, mit den Köpfen den oberen Rand berühren. In den Verhältnissen, in Bewegung und Ausdruck der Figuren noch völlig kindlich und in der Ausführung mehr oder weniger roh, konnten dennoch diese Arbeiten durch die Selbständigkeit und die Naivetät der Empfindung und durch den Ernst des Strebens den Grund zu einer wirklich künstlerischen Entwickelung der Plastik legen.

Wie weit damals diese einheimische Skulptur noch hinter der byzantinischen zurückstand, beweist am deutlichsten eine Anzahl Arbeiten, die gleichzeitig in Toskana unter byzantinischem Einfluß ausgeführt worden sind; namentlich in Pisa, das durch seinen blühenden Handel auf dem Mittelmeere zu dem halb byzantinischen Süden von Italien und zu Byzanz selbst in nahe Beziehung gebracht war. Schon die Bronzethür am Dom zu Pisa, wahrscheinlich die Arbeit des Pisaners B o n a n n u s (1180), der einige Jahre später in Monreale die sehr verwandte Thür goß, erscheint ganz unter dem Einfluß gleichzeitiger byzantinischer Goldschmiedearbeiten. Noch stärker und vorteilhafter macht sich diese Einwirkung in den Skulpturen an den Architraven von zwei Thüren des Battistero geltend; an der östlichen Thür auch in den Laibungen. Hier haben die Figuren die volle Schönheit, die schlanken Körperformen, die zierlichen Falten der klassischen Gewänder, die vornehme Ruhe und die feine Rundung echt byzantinischer Arbeiten dieser Zeit. Diesen kommen sie ferner in der Sauberkeit der Arbeit gleich und besitzen dabei auch die charakteristische Fülle, die einfach schlichte Erzählungsart, die kräftige Ausarbeitung, den in seiner Gebundenheit feinen Ausdruck solcher Arbeiten. Die Berliner Sammlung, die von älteren romanischen Bildwerken aus Toskana nur ein mit Köpfen und Tieren dekoriertes Kapitell aufzuweisen hat (No. 27, aus Lucca stammend, etwa vom Jahre 1200), besitzt eine in ihrer Art hervorragende große Madonnenstatue aus jener von byzantinischen Vorbildern beeinflußten Richtung: die thronende Maria mit dem segnenden Christkind von der Hand des P r e s b y t e r   M a r t i n von Borgo San Sepolcro, aus d. J. 1199 (No. 21D): lebensgroße Figuren aus Holz mit ihrer ursprünglichen, trefflich erhaltenen Bemalung; herbe im Ausdruck, gebunden in Haltung und regelmäßiger Faltenbildung, aber von einer eigentümlich strengen Größe der Erscheinung.

Ihren eigenen plastischen Stil bilden sodann die Marmorarbeiter aus, welche die wirkungsvollen zierlichen Inkrustationsarbeiten der toskanischen Fassaden und der Innendekoration in weißem Marmor und tiefgrünem Serpentin auszuführen hatten. Während gleichzeitig die römischen Cosmaten nicht einmal den Versuch zu figürlicher Darstellung machten, wurden diese toskanischen Marmorarbeiter durch die allgemeine Richtung auf figurale Skulptur und den Wunsch, dieselbe als Erklärung des Dogmas für die gläubige Gemeinde zu benutzen, bald zu einer Einbeziehung figürlicher Darstellungen in ihre Steinmosaiken gebracht; namentlich an den Kanzeln. Schon die Kanzel in San Miniato (wohl nicht viel früher als der von 1207 datierte Fußboden der Kirche) zeigt an passender Stelle wenigstens eine Figur. In der etwas jüngeren Kanzel in San Lionardo vor Florenz sind die figürlichen Kompositionen schon die Hauptsache. Während sie aber hier noch auf dem inkrustierten Grunde wie aufgeleimt erscheinen, sind sie in der Kanzel des Domes zu Volterra wie in Meister Guido's Kanzel in S. Bartolommeo in Pantano zu Pistoja (vom Jahre 1250) und in der ähnlichen, noch jüngeren Kanzel in Barga frei aus dem Grunde gearbeitet, so daß die Steinintarsia auf die Einrahmung beschränkt oder ganz verdrängt ist. Man merkt diesen Bildwerken, selbst noch denen des Meisters der Kanzel in Pistoja, G u i d o

B i g a r e l l i aus Como, die Hand des Ornamentisten an, der auch die menschliche Gestalt mit schematischer Regelmäßigkeit und zierlicher Sauberkeit behandelt, statt sie frisch nach dem Leben zu schaffen. Der Komposition kommt aber diese Regelmäßigkeit und der Geschmack in der Anordnung und Ausfüllung des Raumes entschieden zu gute, und ebenso ist die saubere Durchbildung ein Vorzug gegenüber jenen älteren romanischen Bildwerken.

Auf Meister Guido geht in Pistoja noch die gedrungene Gestalt des Erzengels Michael am Oratorio S. Giuseppe zurück; in Pisa hat er 1246 das prachtvolle, mit reicher Marmorintarsia geschmückte Taufbecken vollendet, und in seiner Art sind auch schon die Skulpturen am Hauptportal des Domes zu Lucca: Christus im Limbus und am Architrav die Apostel und Maria, vom Meister G u i d e tt o (in dem man neuerdings den jungen Guido Bigarelli hat erblicken wollen). Diese Arbeiten in Lucca sind seit 1204 ausgeführt; die Fortsetzung derselben an der Fassade seit dem Jahre 1233 fiel Kräften zu, die bei aller Verwandtschaft mehr plastischen Sinn hatten als Meister Guido. Der Monatscyklus und die Darstellungen aus der Geschichte des hl. Martin stehen dem Guido noch am nächsten, die Skulpturen der Reguluspforte haben schon eine über ihn hinausgehende Vornehmheit der Erscheinung, Freiheit der Bewegung und Feinheit der Empfindung. Das große Reiterstandbild des hl. Martin, der mit dem Bettler seinen Mantel teilt, ist die letzte und zugleich die schwierigste Aufgabe, welche diese lombardisch-toskanische Steinmetzen- und Bildnerschule in Lucca zu lösen hatte. Einer der ersten Versuche, eine Freifigur zu geben, und seit dem Altertum das erste Reiterbild, ist dieses Bildwerk ausgezeichnet durch die vornehme Ruhe der schönen Gestalten, durch die feine Empfindung für Proportionen und teilweise selbst durch naturalistische Wahrheit: aber zu freier Bewegung, zu naturalistischer Durchbildung, zu einer Auffassung der Figuren als Gruppe oder nur als richtige Freifiguren vermag sich der Künstler noch nicht zu erheben. In der Anlehnung an die Kirchenwand, in der Einhaltung der äußeren Fläche verrät sich vielmehr der an die Reliefdarstellung gewöhnte Künstler.

Niccolo Pisano und die Protorenaissance

(um 1250 bis 1300).

Die Bildwerke, in denen der plastische Schmuck der Portale des Domes zu Lucca seinen Abschluß erhielt: die Kreuzabnahme in der Lünette, die Geburt Christi und die Anbetung der Könige am Architrav des linken Seitenportals, verraten einen Künstler ganz anderer, ganz neuer Art. Hier herrscht echt plastischer Sinn und große, ja in der Kreuzabnahme eine fast gewaltige Auffassung; daneben erscheinen selbst die wenig älteren Skulpturen des anderen Seitenportals nur als befangene Leistungen fleißiger Steinmetzen. Vasari bezeichnet als Künstler dieser Arbeiten den N i c c o l o   P i s a n o (um 1206 bis nach 1280); mit vollem Recht, wie der Vergleich mit seinen beglaubigten Arbeiten, namentlich mit der 1260 vollendeten Kanzel im Baptisterium zu Pisa beweist.

* Kanzel des Niccolo Pisano im Baptisterium zu Pisa.

Der Bildhauer Niccolo di Piero, der sich nach seinem Geburtsort Pisano nennt, steht auf den Schultern jener älteren lombardisch-toskanischen Bildnerschule: speziell hat er in den Arbeiten an der Domfassade zu Lucca seine unmittelbaren Vorläufer. Dies gilt sowohl für die plastische Gestaltung wie für den geistigen Inhalt seiner Kunstwerke, während die dekorative, an byzantinischen Vorbildern großgezogene Plastik Süditaliens, mit der man den Niccolo (wegen der fragwürdigen Herkunft seines Vaters aus Apulien) hat in Verbindung bringen wollen, im vollen

27

Gegensatze zu Niccolo's Kunst steht. Aber auch gegenüber jener älteren Plastik, aus der er hervorgeht, erscheint der Künstler recht eigentlich als Reformator. Niccolo Pisano ist kein Naturalist wie die Meister des Quattrocento; er steht den Künstlern des Cinquecento weit näher, denn sein höchstes Streben ist klassische Schönheit, der er durch das Studium und gelegentlich selbst durch unmittelbare Nachbildung der Antike nahe zu kommen sucht. Freilich waren in Italien die antiken Reste schon früher, ja regelmäßig im Mittelalter das Vorbild für die bildnerische Thätigkeit gewesen; aber diese hatte aus eigenem Unvermögen in halb unbewußter, sklavischer Weise die alten Vorbilder nachzuahmen gestrebt. Bei Niccolo Pisano ist der Anschluß an die Antike, deren Schönheit er zuerst wieder klar erfaßte, ein völlig bewußter; erwählt die Vorbilder aus den antiken Monumenten und bildet ihre Gewandung, ihre Technik nach, wie er sie für seine Zwecke verwenden zu können glaubt. Der Weg zum Verständnis und zur Wiedergabe der Natur geht bei Niccolo durch die Antike; die Abhängigkeit von derselben verhindert ihn, sich zu wirklichem Naturverständnis durchzuarbeiten; daher die Erscheinung, daß der Künstler im ersten Ergreifen seiner Aufgabe am größten und freiesten erscheint, in seinen späteren Arbeiten zum Teil handwerksmäßiger und manierierter wird. Verhängnisvoll war ihm in seinem Streben der Umstand, daß seine klassischen Vorbilder, zumeist Sarkophagreliefs, die heute noch im Campo Santo zu Pisa erhalten sind, schon der Zeit des tiefen Verfalls der antiken Kunst angehören, daß sie handwerksmäßige Nachbildungen aus dritter und vierter Hand nach schlecht verstandenen Originalen sind. Die Eigentümlichkeiten dieser antiken Vorbilder finden sich daher auch bei Niccolo: das starke Hochrelief, die Überfüllung der Kompositionen, die ungleichen Verhältnisse der Figuren unter einander wie die derbe, untersetzte Bildung derselben, die dicken gleichmäßigen Stoffe der Gewänder mit antikem Schnitt und der einförmige brüchige Faltenwurf, die starke Anwendung des Bohrers und die Vorliebe für das Stehenlassen der Bohrlöcher, namentlich in den Haaren. Mit jenen Vorbildern hat der Künstler dafür auch die Schönheit der Formen und die Größe der Erscheinung gemein; seine Madonna ist eine thronende Juno, seine Könige in der »Anbetung« erscheinen wie antike Göttergestalten, sein Priester in der »Darstellung im Tempel« ist die Gestalt des indischen Bacchus, und unter den Tugenden finden wir, als Stärke, einen nackten Herkules. Je mehr sich der Künstler der Antike nähern kann, je direkter er aus ihr seine Gestalten entnimmt, desto größer und tüchtiger erscheint er; je mehr sich dagegen das Motiv von der Antike entfernt, desto geringer sind regelmäßig seine Leistungen. Dies zeigt sich namentlich in den Darstellungen der Passion Christi. In solchen Kompositionen macht sich auch der Mangel an dramatischem Sinn und die Leere in Ausdruck und Empfindung als Folge jenes engen Anschlusses an die Antike am stärksten geltend.

Urkundlich begegnen wir Niccolo Pisano zuerst an der Kanzel im Baptisterium zu Pisa, die er 1260 vollendete; nach dem Charakter der Arbeit und dem Gange seiner späteren Beschäftigung ist es aber sehr wahrscheinlich, daß die Skulpturen am Domportal in Lucca der Pisaner Kanzel vorausgehen, also etwa um die Mitte des Jahrhunderts entstanden. Am Architrav sind (leider sehr zerstört) die Verkündigung, die Anbetung der Hirten und die Könige aus dem Morgenlande vereinigt; Kompositionen so klar und ausdrucksvoll wie keines dieser Motive in seiner späteren Zeit wiederkehrt. Die Abnahme vom Kreuz im Tympanon ist in der Anordnung im Raum, in den Proportionen, in der großen, teilweise selbst fein empfundenen Auffassung die bedeutendste Schöpfung des Niccolo.

In der Kanzel zu Pisa fällt diesen Arbeiten gegenüber der engere Anschluß an die antiken Vorbilder in seinen Vorzügen und Nachteilen ins Auge. Was über den Künstler im Allgemeinen gesagt ist, gilt für dieses sein Hauptwerk im Besonderen. Wenn ihm Mangel an Innerlichkeit in den einzelnen Darstellungen vorgeworfen werden muß und dadurch die Auffassung als eine wenig kirchliche erscheint, so ist dafür die Kanzel in dem Zusammenhang der Darstellungen, in dem Ideengehalt ihres Bilderschmuckes um so mehr durchdacht, um so tiefer und gewaltiger. Das Evangelium von der Erlösung ist der Grundgedanke, der in allen seinen Teilen hier zum ersten Mal völlig klar durchgeführt ist, von den Verheißungen durch die Propheten an, dann in den einzelnen geschichtlichen Thatsachen bis zu den Wirkungen, die in den Gestalten der christlichen Tugenden verkörpert sind und in den Tieren als Träger der Säulen und Lesepulte ihren symbolischen Ausdruck erhalten. Der Inhalt der Predigt, für welche die Kanzel geschaffen ist, ist wohl nie wieder so eindringlich der gläubigen Gemeinde bildnerisch zur Anschauung gebracht worden.

Der Kanzel in Pisa soll der Figurenschmuck am Marmorschrein des hl. Dominicus in S. Domenico zu Bologna gefolgt sein; die Reliefs mit Darstellungen aus dem Leben des Heiligen wurden bis 1267 fertig gestellt. Auf die Besichtigung aus der Nähe berechnet, sind sie gleichmäßiger, ja fast zu zierlich durchgeführt und glücklicher in den Verhältnissen; sie bleiben auch einfacher in der Auffassung, was wohl die Aufgabe von Darstellungen aus der Zeitgeschichte mit sich brachte. Niccolo stand bei der Arbeit ein junger Schüler, Fra Guglielmo, zur Seite; der abweichende Charakter der Bildwerke macht es sogar nicht unwahrscheinlich, daß Guglielmo dieselben allein ausführte.

Noch vor Beendigung dieses Monuments übernahm Niccolo wieder die Ausführung einer Kanzel: die für den Dom von Siena, welche er in der außerordentlich kurzen Zeit zwischen dem März 1266 und dem November 1268 fertigstellte. Als Gehülfen Niccolo's werden Arnolfo, Lapo und Donato schon im Kontrakt namhaft gemacht und die Beschäftigung seines noch nicht erwachsenen Sohnes Giovanni wurde ihm freigestellt. Der architektonische Aufbau wie der Ideengang in den Darstellungen (die hier um zwei Relieftafeln bereichert sind, weil die Kanzel achteckig ist) bleibt im Wesentlichen der gleiche wie in Pisa; doch macht sich in diesen Kompositionen die Überfüllung mit Figuren, der Mangel an Klarheit im Aufbau und eine ungleichmäßigere Durcharbeitung empfindlich geltend, und es fehlt den Gestalten meist die klassische Größe der Erscheinung, welche in jener ersten Kanzel so überraschend wirkt. Dafür sind die Köpfe hier jedoch ausdrucksvoller, die Figuren richtiger in den Verhältnissen und naturwahrer, die Scenen lebendiger und bewegter als in Pisa.

Wenn hier schon der abweichende Charakter durch die verschiedenen Mitarbeiter Niccolo's wesentlich mit bedingt sein wird, so läßt sich dies um so mehr für die letzte beglaubigte Arbeit des bejahrten Künstlers, für die Skulpturen am großen Brunnen in Perugia, annehmen, welche um 1280 unter Beihülfe von Arnolfo und Giovanni Pisano vollendet wurden: am unteren Becken fünfzig Tafeln mit Einzelgestalten und kleinen Kompositionen in ziemlich flachem Relief, am oberen Becken vierundzwanzig Statuetten der Sibyllen, Tugenden u. s. f.; zumeist ausgezeichnet durch gute Verhältnisse und saubere Arbeit, einzelne auch durch tiefere dramatische Auffassung. Diese besten Arbeiten lassen sich leicht als Werke Giovanni's erkennen.

22. Relief eines Lesepultes von Niccolo Pisano.

Die Berliner Sammlung besitzt ein aus Pistoja stammendes Marmorrelief, das den Anspruch auf eine Arbeit des Niccolo erheben darf: zwei Engel, welche das Brustbild des Bischofs Beato Buonacorso von Pistoja in einem Tuche zwischen sich emporhalten (No. 22); ursprünglich wohl die Unterseite eines Lesepultes, welches vielleicht während der Restauration eines Altars in Pistoja, die Niccolo 1272 übernahm, entstanden ist. Die vollen Gestalten, die Typen, die Faltenbildung, sogar so auffallende Eigentümlichkeiten, wie die flatternden Zipfel des Tuches, stimmen mit den beglaubigten Arbeiten des Künstlers, namentlich mit der Verkündigung an der Kanzel zu Pisa so sehr überein, daß wohl nur auf Niccolo als Urheber dieser Arbeit geschlossen werden kann.

Der enge Anschluß des Niccolo Pisano an die Antike sollte eine weitere Entwickelung der italienischen Plastik im Sinne der Renaissance erwarten lassen. Gerade das Gegenteil ist der Fall: schon seine Schüler wenden sich vom Studium der Antike ab, und sein eigener Sohn Giovanni schlägt eine Richtung ein, welche von der des Vaters wesentlich verschieden ist. Sie beherrscht die italienische Plastik ein volles Jahrhundert; offenbar weil Niccolo's Nachahmung der Antike ohne tieferes Naturstudium eine äußerliche blieb und einer tieferen Auffassung, wie sie die christlichen Stoffe verlangten, entbehrte.

Unter den Schülern und Mitarbeitern des Niccolo sind uns zwei in eigenen Werken bezeugt, welche ohne höhere Eigenart die Pfade ihres Meisters wandern, Fra Guglielmo und Arnolfo di Cambio; beide namentlich dadurch von Bedeutung, daß sie die Kunstweise ihres Lehrers über Italien verbreiteten. Der Dominikaner F r a G u g l i e l m o d ' A g n o l o aus Pisa (um 1238 bis nach 1313) war Niccolo's Mitarbeiter an der Arca des hl. Dominicus in Bologna gewesen, an deren Reliefs ihm außer der Ausführung vielleicht sogar die Erfindung mit gebührt. Nach der Verwandtschaft dieser Arbeiten mit den Reliefs an der von einem Meister Guglielmo ausgeführten Kanzel in S. Giovanni fuorcivitas in Pistoja hat man diese mit Recht ebenfalls als ein Werk des Dominikaners Fra Guglielmo in Anspruch genommen. Einfacher und dadurch klarer in der Komposition wie Niccolo, zeigt er in seinen Gestalten den ähnlichen klassischen Zug in den Typen, in der Gewandung und Bewegung; freilich kaum aus direktem Studium der Antike, sondern nach den Vorbildern seines Lehrers. Wenn er diesen in der Eigenartigkeit wie in der Größe der Erscheinung lange nicht erreicht, so hat er doch feinere Empfindung und eine gewisse Innigkeit im Ausdruck vor ihm voraus, die sich gelegentlich (wie in der Beweinung Christi) selbst auf die Bewegung und ganze Komposition ausdehnt.

Der Florentiner A r n o l f o d i C a m b i o (1232 bis 1315), Niccolo's Gehülfe an der Kanzel in Siena wie am Brunnen zu Perugia und, wie Guglielmo, in seiner späteren Zeit namentlich als Architekt hervorragend thätig, steht in den beiden von ihm bekannten plastischen Monumenten gleichfalls ganz unter des Meisters Einfluß, ist aber noch weniger selbständig als Fra Guglielmo. Die Statuetten und kleinen Reliefs am Grabmal des Kardinals de Braye († 1280) in S. Domenico zu Orvieto sowie an dem gemeinsam mit einem Künstler Paulus ausgeführten Tabernakel in S. Paolo fuori le mura in Rom sind gut in den Verhältnissen, einfach und ernst in Ausdruck und Haltung, in der Gewandung sogar geschmackvoller und naturwahrer als bei Niccolo, aber sie erscheinen unbedeutend und werden durch den architektonischen Aufbau unterdrückt. Sowohl in jenem Tabernakel wie namentlich in dem Grabmal hat Arnolfo, soweit bisher bekannt, das Vorbild für den Aufbau ähnlicher Monumente gegeben, welches für die plastische Entwickelung im Trecento, namentlich in Siena, verhängnisvoll wurde.

Giovanni Pisano und die Kunst des Trecento

(um 1300 bis 1400).

Der einzige völlig eigenartige Künstler, den Niccolo großgezogen hat, ist sein Sohn G i o v a n n i P i s a n o (um 1250 bis nach 1320), dem Vater mindestens ebenbürtig an Talent und auf die Entwickelung der italienischen Kunst noch von bedeutenderem, nachhaltigerem Einfluß. Ja obgleich Giovanni der Schüler und langjährige Gehülfe seines Vaters war, erscheint seine Richtung als die unmittelbare, energische Reaktion gegen die Kunstweise des Niccolo Pisano. Statt der klassischen Ruhe des Niccolo sehen wir bei ihm hochgradige Erregung, statt Schönheit der Form die Bethätigung des seelischen Lebens in Verbindung mit einem entschieden naturalistischen Streben. Freilich reicht sein Können, reicht seine Kenntnis der Natur nicht aus, um bei der Fülle großer und neuer Gedanken, bei dem großartigen dramatischen Sinn wirklich volle naturalistische Durchbildung zu erzielen; Giovanni begnügt sich damit, die Natur in großen Zügen anzudeuten, um desto frischer und überwältigender das innere Leben zum Ausdruck zu bringen. Daher sind die Proportionen oft sehr vernachlässigt und selbst falsch, die Körper und Gesichter nicht selten häßlich und verzerrt, die Ausführung meist flüchtig und zuweilen sogar roh. Freilich kommt dies zum guten Teil auf Rechnung der Gehülfen, deren sich der Künstler zur Ausführung der zahlreichen und umfangreichen Arbeiten, zu denen er in seiner langen Künstlerlaufbahn in ganz Italien berufen wurde, in großem Umfange bedienen mußte.

Giovanni's Reliefstil ist der seines Vaters: das Hochrelief, welches der Künstler noch weit malerischer behandelt als sein Vorgänger; freilich unter Beeinträchtigung der architektonischen Wirkung. Auch im Inhalt seiner Darstellungen folgt er im Wesentlichen dem Niccolo; nur in der Auffassung und Wiedergabe ist er grundverschieden von ihm.

Giovanni muß ein sehr frühreifes Talent gewesen sein, da sein Vater den etwa fünfzehnjährigen Jüngling 1265 im Kontrakt über die Kanzel für den Dom von Siena schon als Gehülfen mit namhaft machen durfte; bei dem jugendlichen Alter können wir hier aber die Bethätigung einer eigenartigen Richtung bei der Arbeit nicht annehmen. Anders ist dies bei der Ausführung des Brunnens in Perugia, bei welcher Giovanni 1278 neben dem Vater beschäftigt war. Hier läßt sich eine Reihe der Bildwerke, namentlich verschiedene weibliche Gestalten durch die Kühnheit der Bewegung, den Ernst des Ausdrucks und die malerische Gewandbehandlung unschwer als Arbeiten Giovanni's herauserkennen, der dieselben mit besonderer Sorgfalt ausführte. Als Jugendarbeit Giovanni's darf wohl auch das ihm in S. Giovanni fuorcivitas zu Pistoja zugeschriebene Weihwasserbecken gelten, an dem die Gestalten der Tugenden noch ganz die Großartigkeit der Formen und Haltung haben, die Niccolo eigentümlich ist. Im Jahre 1278 wurde Giovanni zum Bau des Campo Santo nach Pisa gerufen; damals entstanden wohl die groß empfundenen Madonnenstatuen, von denen die eine über einem Portal des Baptisteriums; die andere, eine Halbfigur, jetzt im Campo Santo steht. Wieder neue architektonische Aufgaben zogen den Künstler von Pisa nach Siena, wo er als Dombaumeister zwischen den Jahren 1290 bis 1295 erwähnt wird. Hier gehen die alten Figuren an der Fassade teilweise noch auf Giovanni zurück, sind aber, mit

Ausnahme der großartigen Gestalt einer Sibylle an der Ecke des Seitenschiffs, derbe und selbst rohe Arbeiten seiner Werkstatt.

Von Siena scheint der Künstler sich nach Pistoja gewandt zu haben, wo er 1301 die Kanzel in S. Andrea vollendete. Sie bezeichnet den Höhepunkt von Giovanni's Kunst; was zur Charakteristik derselben im Allgemeinen gesagt ist, gilt daher ganz besonders von diesem Werke: die Kompositionen sind von außerordentlich dramatischer Gewalt, die Einzelfiguren, namentlich die Gestalten der Sibyllen, erscheinen in der die innere Begeisterung aussprechenden Bewegung als Vorahnung der Sibyllen Michelangelo's an der Decke der Sixtina. Gleich nach Vollendung dieser Kanzel erhielt Giovanni den Auftrag auf eine ähnliche, noch reichere Kanzel für seine Heimatstadt, deren einzelne Teile jetzt im Dom und im Campo Santo zerstreut aufgestellt sind; sie wurde erst 1311 vollendet. Den Bildwerken der Kanzel in S. Andrea nahe verwandt, sind hier die Reliefs und Freifiguren womöglich noch dramatischer und bewegter, noch mannigfaltiger in den Motiven, stärker in den Verkürzungen und reicher in genrehaften Nebenbeziehungen, aber auch noch flüchtiger in der Ausführung und willkürlicher in den Proportionen. Der architektonische Aufbau wird stark beeinträchtigt durch die großen tragenden Figuren, deren Sockel zum Teil wieder mit Statuen geschmückt sind.

23. Madonnenstatuette von Giovanni Pisano.

Von dieser Kanzel in Pisa stammt ein kleines Lesepult im
Berliner Museum (No. 24), das an der Unterseite zwei Engel
mit dem Brustbild Christi zwischen sich trägt; eine
charakteristische Arbeit in der Art der übrigen Reliefs an der
Pisaner Kanzel. Ein zweites Werk des Künstlers in der
Berliner Sammlung, die Marmorstatuette der Madonna
(unter halber Lebensgröße, No. 23), scheint zur Zeit, als er
an der Kanzel in Pistoja arbeitete, gemeißelt zu sein.
Wenigstens zeigt sie die nächste Verwandtschaft zu der
Silberstatuette im Dom zu Prato, deren Entstehung auf die
Zeit seiner Thätigkeit hier als Architekt im Jahre 1300
zurückgeführt wird. Im Berliner Privatbesitz befinden sich
außerdem (im Besitz des Herrn A. von Beckerath) ein Paar
ebenso wertvolle Bruchstücke einer anscheinend für Florenz
gearbeiteten Kanzel: zwei sitzende Sibyllen, deren schlichtere
Haltung und große Gewandbehandlung die Entstehung
jener Kanzel noch vor die Kanzel in Pistoja verweist.

In Norditalien war Giovanni anscheinend im Anfange des
XIV. Jahrh. thätig; die große Madonnenstatue in der
Madonna dell' Arena zu Padua und vielleicht auch die
Statue des Stifters Enrico Scrovegno sind plastische

39

Zeugnisse dieses seines Aufenthalts in der Nähe Venedigs. Spuren seiner Thätigkeit lassen sich auch sonst noch über Mittel- und Oberitalien verfolgen: Teile einer Auferstehung im Museum zu Perugia, die Giganten am Portal der Kirche von San Quirico (um 1298), die Bruchstücke vom Grabmal der Gemahlin Kaiser Heinrichs VII. (nach 1313) im Pal. Bianchi zu Genua und angeblich auch das Taufbecken in S. Pietro vor Pisa. Dagegen sind mehrere große Grabmonumente, die auch jetzt noch auf seinen Namen zu gehen pflegen, namentlich das Monument Papst Benedicts XI. († 1304) in S. Domenico zu Perugia und das Grabmal der hl. Margherita in S. Margherita zu Cortona, sicher nicht von Giovanni, sondern schon aus einer vorgerückteren Zeit des Trecento und erscheinen der sienischen Kunst verwandt.

Giovanni Pisano gilt mit vollem Recht als der einflußreichste Künstler seiner Zeit: er ist der wahre Lehrer von Giotto; seine Stellung zur plastischen Kunst des Trecento, zur italienischen Gotik, entspricht der Stellung Donatello's zum Quattrocento und der Michelangelo's zum Cinquecento und Barock. Mit beiden zählt er zu den bahnbrechenden Meistern auf dem Gebiete der bildnerischen Kunst in Italien.

Trotz dieser außerordentlichen Wirkung der Kunst des Giovanni hat derselbe keine treuen Nachfolger seiner eigenen Richtung gehabt; denn die dekorativen Skulpturen an der Madonna della Spina in Pisa (seit 1321), am Dom zu Siena u. s. f., welche noch ganz den Charakter des Künstlers tragen, sind in seiner Werkstatt ausgeführt. Die Kunst des Giovanni war eine zu subjektive, um einen Nachfolger in derselben Richtung zu gestatten; die Nachahmung hätte hier, wie manche Arbeiten der Werkstatt beweisen, zur ärgsten Manier und Roheit führen müssen. Es war daher von besonderem Glück für die Entwickelung der italienischen Kunst, daß ein so verschieden und eigenartig veranlagtes Genie, wie das des Malers Giotto, die Erbschaft des großen Pisaner Bildhauers antrat. Giotto ist auch für die Plastik der Vermittler zwischen Giovanni Pisano und der Frührenaissance. Von seinem allgemeinen Einfluß als Maler abgesehen, hat er in seinen Entwürfen zu den Reliefs an dem von ihm (1334) begonnenen Bau des Campanile in Florenz auch unmittelbar in die bildnerische Kunst eingegriffen; ja angeblich hat er auch selbst bei der Ausführung desselben mit Hand angelegt. Gegenüber der ungezügelten Gewalt seines Vorgängers macht sich bei ihm ein mäßigender, ausgleichender Einfluß, ein Streben nach abgeschlossener Komposition, nach tiefer, aber gehaltener Empfindung in Ausdruck und Bewegung, nach schlichter Wiedergabe der Natur recht deutlich geltend.

Der Bildhauer, dem die Ausführung dieser Kompositionen im Wesentlichen zufiel, war A n d r e a   P i s a n o aus Pontedera (um 1273 bis 1319). In der Werkstatt des Giovanni Pisano großgezogen, erscheint er doch weit mehr durch Giotto beeinflußt. Durch ihn erhielt Florenz auch in der Plastik die Stellung als Vorort Italiens, die bisher fast ein Jahrhundert lang Pisa eingenommen hatte. Sein bekanntes Meisterwerk ist die Bronzethür von S. Giovanni zu Florenz (1330 bis 1336 ausgeführt). Die kleinen Felder von zierlicher gotischer Form enthalten unten acht Tugenden, darüber Darstellungen aus dem Leben des Schutzheiligen von Florenz, Johannes d. T. Mit Giotto hat hier der Künstler die knappe, klare Art der Darstellung, den schlichten Ernst und die Wahrheit der Empfindung, die Beschränkung auf wenige Hauptfiguren, die vornehme Ruhe in Haltung und Bewegung gemein, während er im Verständnis der menschlichen Gestalt, in der Richtigkeit der Verhältnisse, im Studium der Gewandung schon über ihn hinausgeht. Neben den herben Figuren Giotto's erscheinen Andrea's

Gestalten schön und anmutig im Ausdruck; neben Giovanni's überfüllten Kompositionen mit tieferregten Scenen sind diese Darstellungen des Johanneslebens auf den ersten Blick fast nüchtern und unbelebt, bei näherer Betrachtung erscheinen sie wahrhaft klassisch in ihrem einfachen Hochrelief, dem knappen, ausdrucksvollen Stil der Komposition wie Erzählung und in der Meisterschaft der Durchbildung. Durch die gleichen Eigenschaften lassen sich auch mehrere Einzelfiguren auf Andrea zurückführen: die Marmorstatuetten von Christus und der hl. Reparata im Museum von Sa. Maria del Fiore zu Florenz, die große Madonna über dem Hauptportal des Domes zu Orvieto (wo Andrea 1347 bis 1349 als Dombaumeister beschäftigt war) und ein bemalter Krucifixus in der Berliner Sammlung (No. 25); letzterer eine besonders edle, fein empfundene Arbeit des Künstlers, deren Wirkung noch durch die gute Erhaltung der alten Bemalung erhöht wird.

26. Madonnenstatuette von Nino Pisano.

Andrea's Richtung auf das Schlichte und Anmutige erscheint in seinem Sohne N i n o   P i s a n o († 1368), der nach des Vaters Tode sich in Pisa niederließ (das jetzt schon von Florenz seine Künstler empfangen mußte), in das Genrehafte weiter entwickelt. Wie sich dies in besonders vorteilhafter Weise in seinen Madonnen bekundet, zeigt eine Marmorstatuette der Berliner Sammlung (No. 26), welche mit größeren bezeichneten Statuen der Madonna (in S. Maria Novella zu Florenz, auf dem Hochaltar der Madonna della Spina und am Grabmal Salterello in S. Caterina zu Pisa) die engste Verwandtschaft hat. Die einzige beglaubigte Arbeit seines Bruders T o m m a s o , ein Altar in Campo Santo zu Pisa, zeigt dagegen einen sehr gering veranlagten Künstler.

Eine Weiterbildung in naturalistischer Richtung erhält die florentiner Plastik wieder durch einen Maler, durch A n d r e a   O r c a g n a (Andrea di Cione, genannt Orcagna, † 1368), der als Baumeister von Or San Michele hier 1359 das Tabernakel vollendete. Als dekoratives Schmuckstück steht dasselbe wohl unübertroffen in der italienischen Gotik da, und durch seinen reichen Figuren- und Reliefschmuck kommt es in plastischer Bedeutung der Bronzethür des Andrea Pisano nahe. Dem Giotto verwandt in der Größe der Auffassung, in der Sauberkeit der Durchbildung dem Andrea Pisano nahe, ist Orcagna beiden überlegen durch die feine naturalistische Empfindung und Durchführung; ganz eigen ist ihm die malerische Behandlung des Reliefs.

Die große Darstellung des Todes Mariä mit der Gürtelspende an der Rückseite von Andrea's Tabernakel bleibt bis zum Ausgang des Trecento die hervorragendste Leistung. Arbeiten, wie die Reliefs der Tugenden an der Loggia de' Lanzi (1383 bis 1387), sind recht tüchtige Werke unter dem Einfluß des Orcagna; im Großen und Ganzen verliert sich aber die bildnerische Kunst dieser Zeit in Florenz in nüchterne und meist sogar starre oder kleinliche

Nachahmung der großen vorangegangenen Meister; die Statuen am Campanile aus dieser Zeit, die verschiedenen Figuren an den südlichen Portalen des Domes, der Altar des A l b e r t o d i A r n o l d o im Bigallo (1364), der Taufstein in S. Giovanni (1371), verschiedene Grabdenkmäler in S. Croce u. s. f. sind ebenso viele sprechende Beispiele für diese Erstarrung der plastischen Kunst. Ein Werk dieser Art, ein Madonnenrelief Alberto's am Campanile, ist in einer bemalten Stucknachbildung (wohl der frühesten Arbeit dieser Art, die bisher bekannt ist) im Berliner Museum vertreten (No. 32A).

Für die florentiner Bildnerschule dieser Zeit ist es charakteristisch, daß ihre Thätigkeit fast ausschließlich auf ihre Vaterstadt beschränkt bleibt, wo sich große und kleine Aufgaben in reichem Maße für die Künstler darboten. Anders die B i l d h a u e r s c h u l e S i e n a ' s, welche sich an die Thätigkeit von Niccolo und Giovanni Pisano in Siena anschließt und, Dank dem politischen Aufschwunge der Stadt seit dem Ende des XIII. Jahrh., eine ebenso reiche Entwickelung aufzuweisen hat, wie die gleichzeitige florentiner Schule: in der Heimat fast gar nicht beschäftigt, wenden sich die Sieneser Künstler nach außen und sind in Mittel- und Süditalien in umfangreicher und mannigfaltiger Weise thätig gewesen. Ihren Charakter behalten sie aber auch hier im Wesentlichen bei.

Die sienische Plastik des Trecento hat die hervorragenden Eigentümlichkeiten mit der sienischen Malerei gemein, zeigt aber gerade die Schwächen der letzteren in besonders starkem Maße. Da den Bildwerken die malerische Wirkung der Gemälde durch den glänzenden, zierlich gearbeiteten Goldgrund, zumal bei ihrer jetzigen Farblosigkeit, abgeht, so machen sich hier der Mangel an Größe der Auffassung wie an Monumentalität in Aufbau und Anordnung, die eigentümliche Breite und Redseligkeit in der Erzählung der Reliefs, die weiche, knochenlose Wiedergabe der menschlichen Gestalt meist in störender Weise geltend und lassen die gemütvolle, weiche Empfindung und die saubere Ausführung als Gemeingut so vieler sienischen Kunstwerke nur selten oder doch nicht voll zur Geltung kommen.

Unter den zahlreichen Bildhauern Siena's in dieser Zeit ist keiner — und auch das ist ein charakteristisches Kennzeichen dieser Schule —, der sich aus der Mittelmäßigkeit der anderen wesentlich heraushöbe. Schon die unmittelbaren Nachfolger des Giovanni Pisano in Siena, soweit wir beglaubigte Arbeiten von ihnen kennen: die Tino, Maestro Gano, Goro di Gregorio, Agostino di Giovanni, Cellino u. a. m. haben den gleichen Charakter. Meister G a n o verfertigt bereits im Anfange des XIV. Jahrh. ein Paar Grabmonumente im Dom von Casale bei Volterra. G o r o   d i   G r e g o r i o arbeitet 1323 die Reliefs und Statuetten an der Arca di S. Cerbone im Dom zu Massa Maritima. T i n o   d i   C a m a i n o († 1339), hat als Grabbildner eine ausgedehnte Thätigkeit enfaltet: von seiner Hand sind in Pisa das Monument Kaiser Heinrichs VII. (1315), in Florenz das Monument des Bischofs Ant. d'Orso im Dom, in Neapel (seit 1323) verschiedene Grabmonumente in S. Maria Domna Regina und in Corpus Domini. C e l l i n o   d i   N e s e errichtet das Grabmal des Cino de' Sinibaldi im Dom zu Pistoja (1337); als das früheste Professorengrab von Bedeutung für diese namentlich in der Universitätsstadt Bologna entwickelte Gattung von Monumenten. Verschiedene, nach ihrem Urheber nicht zu benennende Monumente in Cortona, Perugia, Assisi tragen ähnlichen Charakter. Das reichste Monument unter allen sienischen Grabdenkmalen dieser Zeit, das des Bischofs Tarlati im Dom zu Arezzo von

A g o s t i n o   d i   G i o v a n n i und A g n o l o
d i   V e n t u r a (1330), zeigt die Schwächen der
Bildnerschule Siena's und den völlig unmonumentalen,
kleinlichen Aufbau in der Häufung von zahlreichen kleinen
Reliefs und Statuetten, wie in der puppenhaften Größe und
übertriebenen Zierlichkeit der Figuren. Die Reliefs mit
Motiven aus der Zeitgeschichte besitzen dabei aber eine
gewisse einfache Anschaulichkeit und genrehafte
Lebendigkeit, welche bei näherer Betrachtung wenigstens
teilweise für jene Mängel entschädigen.

Vorteilhafter noch zeigt sich die sienische Plastik an einem
Monumente, an dem sie sich am umfangreichsten und
einheitlichsten bethätigt hat, am Fassadenschmuck des
Domes von Orvieto. Die vier breiten Pfeilerflächen zwischen
den Portalen sind hier nach einheitlichem Entwurf und
unter einheitlicher Leitung vollständig überzogen mit
Bildwerken in mäßigem Hochrelief, welche die Schöpfung
und den Sündenfall, die Verheißung des Alten Testaments,
das Leben des Erlösers und das Jüngste Gericht darstellen.
Die alte Zuweisung derselben an Giovanni und Andrea
Pisano ist als unhaltbar aufgegeben. Diese Skulpturen
zeigen vielmehr alle charakteristischen Eigenschaften der
sienischen Kunst und werden wohl mit Recht, wenigstens
in ihrem Entwurf, dem Baumeister der Fassade, dem
Sienesen L o r e n z o   M a i t a n i, zugewiesen. Völlig
unarchitektonisch in der Anordnung der einzelnen Scenen,
die nach Art der mittelalterlichen Miniaturen nur durch
mageres Geäst getrennt sind, ohne Größe oder Energie der
Auffassung, ohne besondere Mannigfaltigkeit, in der
Behandlung der Körper wie im Ausdruck wenig individuell
und weichlich, geben diese Skulpturen durch den
glücklichen Reliefstil und die saubere Durchführung, durch
den ausgesprochenen Schönheitssinn, die Lieblichkeit der
Typen, das feine Naturgefühl, selbst in der Behandlung des

Nackten, durch die schlichte und klare, wenn auch etwas breite Erzählungsweise, durch die gemütliche, genrehafte Auffassung die vorteilhafteste Vorstellung von dem Können der sienischen Bildhauer dieser Zeit. Ihre treffliche Erhaltung macht sie besonders wirkungsvoll.

Über Toskana hinaus verbreitete sich mit dem Ruhm der Pisaner Bildhauerschule auch alsbald das Bedürfnis, der Kunst derselben teilhaftig zu werden. Schon die Schüler des Niccolo Pisano wandern nach allen Teilen Italiens und legen fast überall den Grund zu reicher plastischer Thätigkeit. Selbst in Rom und Süditalien erwacht die Freude an figürlicher Plastik. In Rom verbindet sie sich mit der alten Mosaikdekoration der Cosmaten (nach einem Meister Cosmas genannt, in dessen Familie die künstlerische Laufbahn lange erblich blieb) gelegentlich zu recht glücklicher Gesamtwirkung, wenn auch die eigentlich plastischen Teile regelmäßig von geringer Bedeutung sind. Die Grabmonumente haben hier in der Regel den Vorzug vor den Tabernakeln und Altären. Auf Wandpilastern erhebt sich der spitzbogige Bau, dessen Bogen ursprünglich ein Mosaikgemälde zu schmücken pflegte; darunter ruht auf dem Paradebett der Tote, hinter dem von anmutigen Engeln ein Vorhang gehalten wird; am Sockel sind die Wappen des Verstorbenen zwischen zierlichen Mosaikornamenten angebracht. In der monumentalen Wirkung des einfachen architektonischen Aufbaus, in der würdevollen Auffassung der Gestalt des Verstorbenen und in der reichen harmonischen Farbenwirkung sind diese Grabdenkmäler denen der toskanischen Meister überlegen. Dies gilt namentlich für die Monumente des Cosmaten J o h a n n e s : das Grabmal Gonsalvo in S. Maria Maggiore (vom Jahre 1299), das des Stephanus in S. Balbina und das Monument Durante in der Minerva (1296); teilweise auch für die zahlreichen ähnlichen Grabmäler in S. M. in Araceli, meist der Familie Savelli angehörig. Wie wenig trotzdem die römische Kunst im Stande war, aus sich heraus zu einer frischen, stetigen Entwickelung zu gelangen, beweist der Umstand, daß mehr als ein Jahrhundert später die Grabdenkmäler noch fast ganz in derselben Weise gestaltet wurden, nur unter allmählicher Verdrängung des musivischen Schmuckes.

Reicher noch, namentlich auch an rein plastischem Schmuck, dagegen künstlerisch weit geringwertiger sind die Monumente Süditaliens während des Trecento. Insbesondere die Kirchen Neapels werden durch die Prunksucht der Anjou und der großen Barone Süditaliens mit reichen Grabmonumenten förmlich überladen, für welche die Monumente der nach Neapel berufenen toskanischen Künstler, namentlich des Sienesen T i n o d i C a m a i n o, die Vorbilder wurden: unter einem Baldachin auf hohen gewundenen Säulen steht der von drei oder vier Tugenden getragene und mit Reliefs geschmückte Sarkophag, auf dem hinter einem von Engeln zurückgezogenen Vorhange die ruhende Figur des Verstorbenen sichtbar wird; über ihm ein Dach mit Statuetten. Die einförmige, gedankenlose Wiederholung dieser Motive, die Überladung, die plumpen Formen und Verhältnisse, der Mangel an koloristischem Sinn in der Bemalung, die empfindungslose Auffassung und Behandlung der Figuren lassen auch bei den besten dieser Grabdenkmäler, wie sie namentlich im Dom, in S. Chiara, S. Domenico und S. M. Domna Regina besonders zahlreich sind, den Beschauer zu keinem künstlerischen Genusse kommen.

Für den Einfluß französischer Gotik, der sich in diesen Monumenten Süditaliens unter der Herrschaft der Anjou gelegentlich geltend macht, sind ein Paar Marmorstatuetten der Berliner Sammlung, die aus Neapel stammen (No. 29 und 30), charakteristische Beispiele. Von ungewöhnlich feiner Empfindung, erscheinen sie den Leidtragenden an gleichzeitigen französischen und burgundischen Sarkophagen in Ausdruck, Haltung und selbst in der Tracht nahe verwandt. Wie lange sich hier im Süden, namentlich in Sicilien und Calabrien, diese Mischung französischer und Pisaner Gotik erhält, dafür ist die reich bemalte Alabasterfigur der Madonna (No. 206) ein charakteristisches Beispiel; sie kann nach den Ornamenten wie nach der Behandlung kaum vor 1500 entstanden sein.

Auch Norditalien, selbst die Lombardei, welche mit ihren Steinmetzen und Bildhauern noch bis zur Mitte des XIII. Jahrhunderts das übrige Italien und namentlich gerade Toskana versorgt hatte, kommt seit dem Anfange des Trecento völlig unter den Einfluß der Pisaner Schule und bezieht aus dieser die Künstler für die wichtigen plastischen Aufgaben, die jetzt allmählich in größerer Zahl gestellt wurden. Für Mailand wird die Thätigkeit eines Pisaner Künstlers, G i o v a n n i d i B a l d u c c i o, bestimmend, der in seiner Heimat ein Grabmal in Sarzana (1322) und eine Kanzel in S. Casciano bei Florenz gearbeitet hatte. Sein berühmter Marmorsarkophag des Petrus Martyr in S. Eustorgio zu Mailand ist zwar unbedeutend in der Erzählung und teilweise linkisch in der Bewegung, aber von größter Delikatesse der Durchführung und in den großen Statuen der Tugenden an den Säulen von besonders glücklichen Verhältnissen, geschmackvoller Gewandung und lieblichem Ausdruck. Die Reliefs des Hochaltars in S. Eustorgio, verschiedene Grabmäler in S. Marco, S. Eustorgio, im Museo Lapidario und andere Mailänder

Arbeiten des Trecento sind offenbar unter dem Einflusse dieser Monumente entstanden. Eine Arbeit Balduccio's ist auch das Grabmal des Azzo Visconti im Palast Trivulzio zu Mailand. Dagegen erscheint das Grabmal des Kardinals Luca Fieschi († 1336) im Dom zu Genua unter allen Monumenten dieser Zeit am stärksten von Giovanni Pisano beeinflußt. Die Komposition des Thomasreliefs am Sarkophag ist in der Belebung der Figuren, in Bewegung und Gewandung wohl die bedeutendste Arbeit der Lombardei.

Die reiche Arca di S. Agostino im Dom zu Pavia (begonnen seit 1362) und andere einfachere Monumente in den lombardischen Städten zeigen den unter der Einwirkung solcher Pisaner Vorbilder allmählich entwickelten Stil der lombardischen Plastik der zweiten Hälfte des Trecento, der mehr durch Sauberkeit der Arbeit und Schlichtheit der Auffassung als durch Größe oder feine Belebung sich auszeichnet. Wie weit die französische Kunst schon ein Jahrhundert früher dieser Kunst überlegen war, beweist der berühmte Bronzeleuchter des Mailänder Domes, das Beutestück eines Trivulzio in einem Kriege gegen Frankreich.

Noch auf einem anderen Wege kommt die toskanische Kunst nach der Lombardei: durch die Lombarden, die in Venedig arbeiteten und Aufträge für ihre Heimat bekamen. Solche Arbeiten sind namentlich die verschiedenen Reitermonumente der Lombardei, in erster Linie die berühmten Monumente der Tyrannen von Verona, die Scaligerdenkmäler auf dem kleinen Platz neben S. Maria Antica. Im Figürlichen sämtlich mehr oder weniger untergeordnet, sind sie von Bedeutung als die ersten künstlerischen Äußerungen trotziger Ruhmessucht, die hier von vornherein losgelöst von der Kirche erscheint. Dem reichsten dieser Monumente, dem des Can Signorio von B o n i n o d a C a m p i g l i o n e (von 1375), ist das früheste, dem Can Grande I. errichtete Grabdenkmal (1329) in seinem einfach monumentalen Aufbau und der trefflich heraldisch stilisierten Reiterfigur auf der Spitze wesentlich überlegen. Die Monumente des Barnabo Visconti (1384) und der Regina della Scala (1385), in der Brera zu Mailand, sind von diesen Arbeiten abhängig.

In Venedig nahm, wie die Baukunst, so auch die Plastik im Laufe des Trecento eine ganz neue und eigenartige Entwickelung. Zur Erklärung dieser Erscheinung läßt Vasari sowohl den Niccolo wie den Giovanni Pisano in Venedig thätig sein. Für Niccolo ist dies mehr als unwahrscheinlich; auch ein Aufenthalt Giovanni's ist uns in Venedig selbst nicht bezeugt, wohl aber in dem benachbarten Padua, wo Giovanni mit Giotto zusammen an der Ausschmückung der Madonna dell' Arena beschäftigt war (vgl. S. 22). Daß also die bildnerische Kunst in Venedig direkt und indirekt durch die Pisaner Meister beeinflußt und belebt worden, erscheint zweifellos; aber gerade der Umstand, daß keiner der Pisaner Künstler hier selbst thätig war, hat in Venedig einer selbständigeren Entwickelung der Plastik im Trecento Vorschub geleistet, welche der gleichzeitigen Malerei wesentlich überlegen ist.

162. Brunnenmündung aus Venedig, Anfang des XV. Jahrh.

Anfangs (gelegentlich wohl bis in die Mitte des Jahrhunderts) schließt sich die bildnerische Thätigkeit noch an jene ältere, auf byzantinischen Vorbildern beruhende Dekorationsart an, welche in phantastischer Weise figürliche Darstellungen mit Ornamenten und abenteuerlichen Tierbildern verquickt. Die Fassade der Paläste und die Kirchen haben zahlreiche Beispiele dafür aufzuweisen; die beste Gelegenheit für die Anbringung derartigen Schmuckes bot aber der allmähliche Ausbau von San Marco, der innen und außen zahlreiche dekorative Bildwerke aus der zweiten Hälfte des XIII. und dem Anfange des XIV. Jahrh. aufzuweisen hat. Die interessantesten darunter sind die Reliefs an den Bögen über den Hauptportalen, namentlich über dem mittleren, an denen auch die Motive: Darstellungen der Monate, Propheten, Sibyllen u. s. f., noch die alten sind, während die guten Verhältnisse, die saubere Ausführung und die tüchtige naturalistische Empfindung schon die vorgerückte Zeit verraten. Diese Abhängigkeit von der Architektur und der gewollte Anschluß an ältere Vorbilder hielt in Venedig lange Zeit eine freie, selbständige Entfaltung der Plastik zurück. Die Künstler (zumeist zugewanderte Comasken) scheinen daher Gelegenheiten, die sich ihnen dafür außerhalb ihrer Vaterstadt boten, gern ergriffen zu haben. So finden wir in den vierziger Jahren einen Venezianer J a c o p o L a n f r a n i in Bologna beschäftigt; hier sind von seiner Hand das Professorengrab Calderini († 1348) im Museo Civico und das stattliche Wandmonument des Taddeo Pepoli († 1347) in S. Domenico erhalten; letzteres originell im Aufbau, gut im Reliefstil und tüchtig in den Figuren, wenn auch wenig belebt in der Komposition und im Ausdruck. Einige Jahrzehnte später arbeitet ein Meister A n t o n i o aus Venedig einen Marmoraltar für S. Lorenzo zu Vicenza, und 1372 der Meister A n d r i o l o die fünf Statuen für die Kapelle S. Felice im Santo zu Padua. Letztere sind den frühesten

Arbeiten der Gebrüder Massegne schon nahe verwandt, die gleichfalls ihr Heil zuerst draußen hatten versuchen müssen: J a c o b e l l o und P i e r P a o l o d e l l e M a s s e g n e erhielten 1388 den Auftrag auf den großen Marmoraltar von S. Francesco in Bologna. In den zahlreichen Statuetten von verschiedener Größe zwar etwas flüchtig und lieblos, ist der Altar nicht nur von stattlicher Erscheinung und klar im Aufbau, sondern in einzelnen Teilen, namentlich in dem Relief der Krönung Mariä in der Mitte, schon von dem eigentümlichen Schönheitssinn, der weichen Fülle der Gestalten und dem Fluß der Gewandung, welche die späteren Arbeiten der Massegne in Venedig auszeichnen. Beglaubigt sind hier die Statuen Mariä und der Apostel vom Jahre 1394, welche auf den Schranken des Chors der Markuskirche stehen; nach ihrer Übereinstimmung mit diesen Figuren gehören ihnen auch die 1397 ausgeführten zehn Statuen der Seitennischen des Chors, sowie die auf den Chorstühlen. Ein Altar im linken Querschiff und die Figuren auf den Chorstühlen der Markuskirche, das Relief über dem Eingang zur Kirche von S. Zaccaria, der Altar in der Taufkapelle der Frari und ebenda die Grabmäler Simone Dandolo (vollendet 1396) und Paolo Savello († 1405, mit dem trefflichen Reiter in Holz), in S. Giovanni e Paolo, das Grabmal Ant. Venier († 1400), das Relief der Madonna zwischen zwei Engeln über einer Seitenthür der Frari sind hervorragende Arbeiten aus gleicher Zeit und von ähnlichem Charakter, deren Venedig noch eine beträchtliche Zahl von geringerer Qualität aufzuweisen hat. Auch die älteren Bildwerke am Dogenpalast und einzelne Skulpturen am Dache von S. Marco sind wenigstens in dieser Zeit und unter dem Einflüsse dieser Skulpturen begonnen worden; die Vollendung derselben, namentlich die berühmten Gruppen der Schande Noahs und des Urteils Salomonis an den Ecken des Dogenpalastes fallen bereits in eine Zeit, da in Florenz die Renaissance schon ihre erste Blüte entfaltete. Gemeinsam ist diesen Arbeiten, in größerem oder geringerem Maße, ein ausgesprochener Schönheitssinn in den vollen Gestalten, in dem ernsten, anmutigen Ausdruck, der ruhigen Haltung, der großen und einfachen Faltengebung; und damit verbinden sich saubere Durcharbeitung und ein oft schon fein entwickelter Natursinn, namentlich für die Einzelheiten. Die Befangenheit im Ausdruck und eine nüchterne Ruhe, welche bei bewegten Motiven besonders störend auffällt, verraten jedoch auch in den besten dieser Arbeiten, daß auf diesem Wege allein zu völliger Freiheit nicht zu gelangen war.

Unter der beträchtlichen Zahl meist dekorativer venezianischer Bildwerke, welche die Berliner Sammlung besitzt, befinden sich auch mehrere charakteristische, gute Arbeiten dieser Zeit: zwei weibliche Halbfiguren, liebliche Lockenköpfe von vollen Formen (No. 35 und 36), eine Brunnenmündung im Charakter der Kapitelle des Dogenpalastes (No. 162) und ein großes Holzkrucifix von herb naturalistischer Auffassung (No. 37), sämtlich Arbeiten, die schon in den Anfang des XV. Jahrh. fallen.

Die Frührenaissance

(Das Quattrocento, um 1400 bis 1500).

Die Kunst der »Renaissance«, die Wiedergeburt der antiken, der klassischen Kunst — wie schon die Künstler des XV. Jahrh. mit Bewußtsein und Stolz ihre Kunst bezeichneten — zeigt sich auf keinem anderen Gebiete in so scharfem Gegensatze zu der vorausgehenden Zeit wie in der Plastik. Die Rückkehr zu den antiken Formen in der Dekoration hat sie mit der Architektur gemein; wie diese betrachtet sie die Antike, die Überreste der römischen Kunst, als ihre unübertroffene Lehrmeisterin, entlehnt sie derselben zahlreiche Motive und Gestalten. Aber während die Architektur des Quattrocento in ihren Grundformen, in den Verhältnissen und technischen Hülfsmitteln auf den großen Errungenschaften des Trecento nur weiterbaut, tritt die gleichzeitige Plastik in einen viel größeren Gegensatz zu ihrer Vorgängerin, welche bei aller Lebendigkeit noch der naturalistischen Durchbildung ermangelt hatte. Sie befolgt als obersten Grundsatz die W i r k l i c h k e i t : volle Naturwahrheit und schärfste Charakteristik im Motiv wie in der Durchbildung der einzelnen Gestalt bis in die kleinsten Einzelheiten. Die menschliche Figur in der vollen Wirklichkeit ihrer Erscheinung: individuell in Kopf und Gestalt, eigenartig in Haltung und Bewegung, wie in der Tracht bleibt das vornehmste Ziel der Bildhauer durch das ganze XV. Jahrh. Diese Aufgabe verfolgen sie mit einer Begeisterung und Überzeugung, mit einem Ernst und oft mit einer Einseitigkeit, die vor Übertreibung nicht zurückschreckt; aber ein glücklicher Takt, Naivetät und angeborener Schönheitssinn bilden die natürlichen Schranken, in denen sich jenes Streben trotz seiner Kraft und Einseitigkeit in einer so mannigfaltigen, so eigentümlich reizvollen Weise entfalten konnte, wie innerhalb der Plastik zu keiner anderen Zeit nach der Blüte der attischen Kunst.

Das realistische Streben führte in erster Linie auf das S t u d i u m   d e s   N a c k t e n, welches das Trecento schon aus kirchlichen Gründen und religiöser Scheu vernachlässigt hatte. Hier galt es die größten Anstrengungen; nur langsam und mühsam hat selbst der bahnbrechende Meister Donatello aus allgemeinen und befangenen Anschauungen sich zu wirklicher Kenntnis des Körpers durchgearbeitet. Aber auch bei ihm und im ganzen Quattrocento ist diese Kenntnis, ähnlich wie in der antiken Kunst, ein aus steter Anschauung gewonnenes Resultat; erst Leonardo erhebt die Anatomie zu einer Hilfswissenschaft der Kunst. Durch Piero della Francesca hatte schon früher die Perspektive ihre wissenschaftliche Begründung erhalten, während sie bis dahin, auch in der Plastik, meist in naiver Ausübung richtiger Beobachtungen mehr oder weniger glücklich angewandt worden war.

Mit dem Studium des nackten Körpers geht das G e w a n d studium Hand in Hand. In Bewegung, in Faltengebung, selbst in der Wahl der Stoffe sind die Künstler bestrebt, die Gewandung der Figur möglichst anzupassen, den Körper darin erkennen zu lassen und zugleich die Gestalt dadurch zu heben und zu charakterisieren. Um während der Übertragung des Modells in Stein die künstlich gelegten Falten desselben dauernd zu erhalten, wurden die über dem Manneken angeordneten Stoffe (in der Regel ein starker Leinenstoff) von manchen Künstlern in Gips getränkt, gelegentlich sogar in derselben Weise auf dem Original angebracht (vergl. die Johannesbüste von Donatello No. 38a).

Das Moment, welches neben der Rückkehr zur Natur als gleichbedeutend für die »Wiedergeburt« der italienischen Kunst bezeichnet zu werden pflegt, das S t u d i u m d e r A n t i k e, hat die plastische Detailbehandlung der Bildhauer des Quattrocento fast gar nicht berührt: es läßt sich kaum ein größerer Gegensatz in der Plastik denken, wie zwischen der florentiner Kunst des XV. Jahrh. und der griechischen der Blütezeit, von der römischen Kunst ganz zu schweigen. Dagegen galten die Überreste der antiken Kunst, welche mit größtem Eifer aufgesucht und gesammelt wurden, den Bildhauern des Quattrocento in solchem Maße als unübertreffliche Vorbilder, daß sie ihnen nicht nur fast sämtliche Motive der Dekoration entlehnten, sondern sogar, wo es irgend anging, auch ihre figürlichen Kompositionen sich zum Vorbild nahmen. Die mythologischen und zum Teil auch die allegorischen Gestalten und Motive in den Bildwerken des XV. Jahrh. sind fast regelmäßig der Antike, namentlich den Sarkophagen, geschnittenen Steinen und Münzen entlehnt. Gerade der Künstler, der durch seinen rücksichtslosen Realismus die Richtung des Quattrocento am schärfsten ausgeprägt und die ganze italienische Kunst der Folgezeit am stärksten beeinflußt hat, dessen schöpferische Gestaltungskraft, dessen eigenartige Phantasie von wenigen Künstlern erreicht worden ist: gerade Donatello entlehnt, ja kopiert mit größter Vorliebe aus der Antike. Seine Reliefs im Hof des Palazzo Riccardi sind als Nachbildungen antiker Gemmen und Kameen bekannt; als solche lassen sich aber auch verschiedene Plaketten nachweisen, und selbst seine zahlreichen Puttendarstellungen an den Sockeln der Statuen, an den Kapitellen und Einrahmungen, an den Rüstungen seiner Krieger und an den Friesen seiner Kanzeln sind fast regelmäßig nichts anderes, als mehr oder weniger freie Umbildungen antiker Amorettendarstellungen auf Sarkophagen oder geschnittenen Steinen. Selbst in den biblischen Motiven Donatello's läßt sich die Benutzung verwandter antiker Darstellungen verfolgen; so ist in seinen großartigen Kompositionen der Beweinung Christi bald die eine, bald die andere Figur antiken Sarkophagreliefs mit der Klage um den Tod der Alceste oder ähnlichen Scenen frei entlehnt. Freilich ist es für Donatello und für die ganze Richtung der Plastik des Quattrocento bezeichnend, wie der Künstler auch diesen Nachbildungen der Antike seinen Geist, seinen Stil aufprägt, so daß sie als eigenste Erfindungen des Künstlers erscheinen.

Der Ort der Bestimmung für die plastischen Kunstwerke bleibt im Wesentlichen der gleiche wie in der vorausgegangenen Zeit: die Kirchen vereinigen, nach wie vor, als Schmuck der Außenseite wie des Innern die große Mehrzahl aller Skulpturen; vereinzelt kommt daneben, wie im Trecento, der plastische Schmuck von Gemeindebauten und selbst von Plätzen vor. Aber die Auftraggeber, wie die Gesinnung und Absicht der Bestellung sind wesentlich andere geworden. Obgleich für die Kirche bestimmt, sind diese Bildwerke doch keineswegs immer im kirchlichen oder gar frommen Sinne gestiftet oder geschaffen; die Auffassung ist vielmehr meist eine rein menschliche, auf treue Wiedergabe des Wirklichen gerichtet. Der Kultus des Individuums, aus der Erkenntnis des eigenen Wertes und der allseitigen Ausbildung der Individualität hervorgegangen, hatte zur demokratischen Umbildung der italienischen Gemeinwesen oder zur Unterwerfung derselben unter Tyrannen geführt; er erhielt einen charakteristischen Ausdruck in der schrankenlosen Ruhmsucht, welche in der Kunst, vor Allem in der Plastik, ein hervorragendes Mittel zu seiner Bethätigung fand. Der Platz für die bildnerische Thätigkeit zur Verherrlichung der einzelnen Persönlichkeit wurden aber nicht das Privathaus, nicht der Palast, wie man erwarten sollte, auch nur in beschränktem Maße die städtischen Bauten, die öffentlichen Plätze und Straßen: dieser Platz war oder blieb recht eigentlich die Kirche. Denn in der Umwälzung, welche die moderne Zeit heraufführte, hatte zwar Selbstsucht und Selbstüberhebung den Glauben aufs tiefste erschüttert, aber die Kirche hatte ihre Stellung zu behaupten gewußt. Die Wiedergeburt des ganzen Lebens hatte nicht zu einer inneren Reform der kirchlichen Institutionen geführt, sondern hatte dieselben mit in ihre Kreise gezogen: die Päpste und die hohe Geistlichkeit wetteiferten in der monumentalen Bethätigung ihres Ruhmes und beschäftigten zahlreiche Künstler zu ihrer Verherrlichung; sie haben dadurch zur Kräftigung der Kirche bei der großen Menge nicht wenig beigetragen. Die Geistlichen nahmen nicht den geringsten Anstand, das Gotteshaus zum Tummelplatz der Ruhmsucht des Einzelnen zu machen; wurde doch dadurch zugleich die Kirche geschmückt und verherrlicht. Die Päpste und ihre Nepoten gingen im Luxus der Monumente allen Anderen voran; Roms Kirchen übertrafen in Pracht und Menge der Denkmäler selbst die Grabkirchen der reichsten Tyrannen. Wenn die Kirchen von Venedig an Zahl und Pracht der Grabmonumente sich mit den Kirchen Roms beinahe messen können, wenn diese Denkmäler in Florenz durch ihre Schönheit allen anderen überlegen sind, so haben dieselben doch an beiden Orten einen eigentümlichen Charakter, der ihnen schon durch die Vornehmheit der Gesinnung vor den römischen Monumenten den Vorzug giebt: in beiden Republiken dienten diese Denkmäler in erster Reihe nicht der Verherrlichung des Einzelnen, sondern dem Ruhme des Staats. In Venedig durfte nur dem Dogen, als dem Repräsentanten der stolzen Republik, die Ehre eines Prachtmonuments in der Kirche zu Teil werden in Florenz wurden den berühmten Staatssekretären, den vornehmen Wohlthätern und Freunden der Stadt, selbst den großen

Künstlern prächtige Denkmäler gesetzt, während die vornehmen Familien, die Mediceer nicht ausgenommen, sich in dieser Zeit mit einfachen oder doch mit bildlosen Grabmälern begnügen.

Dadurch, daß der Mittelpunkt für die Thätigkeit der Bildhauer auch im Quattrocento nach wie vor die Kirche ist, bleiben auch die A u f g a b e n der Plastik im Wesentlichen dieselben wie vorher. Der Schmuck der Fassaden, die monumentalen Ausstattungsstücke des Innern: Altar, Kanzel, Sängertribüne, Tabernakel, Sakristeibrunnen, Kandelaber, Chorschranken werden, wo es immer angeht, einem Bildhauer zur Ausführung übergeben. Aber Auffassung und Formenbehandlung sind ganz neu; nicht nur durch die Aufnahme antiker Dekorationsformen, vor Allem sind die Künstler ihren Vorgängern durch ihr Stilgefühl und den monumentalen Sinn überlegen, indem sie jene Gegenstände regelmäßig architektonisch gestalten und figürliche Bildwerke nur zur Hebung der Form und als sinnige Erklärung ihrer Bedeutung anbringen. Die Grabmonumente, die jetzt eine so außerordentliche Bedeutung gewinnen und nicht selten fast die ganzen Wände der Kirchen bedecken, waren allerdings auch schon im Trecento an demselben Platze; aber an die Stelle des Heiligengrabes, das nur noch ausnahmsweise einen Stifter findet, tritt das Privatgrab und das Staatsdenkmal, und der von Säulen getragene, mit einem Baldachin überdachte Sarkophag des Trecento wird durch das geschmackvolle, der Architektur sich einfügende Nischengrab verdrängt. Über dem Sarkophag ist auf dem Paradebett der Verstorbene in seiner Amtstracht feierlich ausgestellt; den oberen Abschluß der meist sehr fein gegliederten und zierlich dekorierten Nische pflegt ein Relief mit der Madonna zu bilden, zu deren Seiten anbetende Engel.

Wenn derart das Innere der Kirchen zu einer Ruhmeshalle persönlichen und nationalen Stolzes wird, so sind die Außenseiten nicht selten der Platz für den Wetteifer individueller Meisterschaft unter den Bildhauern des Quattrocento geworden: die Wände von Or San Michele und des Campanile wie (freilich nie vollendet) die Fassade des Domes in Florenz sind die klassischen Beispiele dafür; sie galten schon dem Cinquecento gewissermaßen als Sammelplätze der Meisterschaft der vorausgegangenen großen Zeit.

Wie die Plastik des Quattrocento ihre Vorwürfe dem Trecento oder der Antike entlehnt, so ist es auch charakteristisch für dieselbe, daß sie in ihren Motiven äußerst bescheiden und selbst beschränkt ist und jedes Suchen nach neuen Motiven vermeidet: ihr Ziel liegt vielmehr gerade darin, das Alte in neuer Form zu geben. In den heiligen Motiven ist kaum eine wesentliche Änderung gegen die vorausgehende Zeit namhaft zu machen. Die Gestalten Christi und der Maria, die Apostel und Evangelisten, die einzelnen Heiligen werden in dem Charakter und den Formen übernommen und festgehalten, in denen sie die Zeit der absterbenden antiken Kunst für den neuen Glauben festgestellt und wie sie das Trecento, namentlich Giotto, weiter entwickelt hatte. Wenn ein Künstler, wenn insbesondere ein Bildhauer sich eine Abweichung erlaubt, geschieht es regelmäßig aus rein künstlerischen Rücksichten. Wo, wie in Florenz, das lokale Bewußtsein besonders stark ausgeprägt ist, werden einzelne Heilige oder biblische Heroen mit Vorliebe dargestellt und gewissermaßen als Verkörperung des Staates zu Nationalhelden umgeschaffen; so in Florenz Johannes d. T., welcher den alten Stadtheiligen S. Zenobius ganz verdrängt, der heilige Georg und David, sowie die Freiheitsheldin Judith. Im Allgemeinen überwiegen das Festhalten am

Hergebrachten und religiöse Scheu so sehr den Naturalismus der Zeit, daß die Darstellung des Nackten aus den heiligen Motiven fast verbannt bleibt. Wo ausnahmsweise, wie beim Täufer oder der Magdalena, der Gegenstand die Wiedergabe der nackten Figur nahe legte, zogen die Künstler doch vor, eine herbe Charakterfigur zu schaffen, deren Blößen von Tierfellen oder vom eigenen Haar verhüllt sind. Nur die Jünglingsfigur des hl. Sebastian und, ganz vereinzelt, auch die Gestalten von Adam und Eva sind von einigen Künstlern zur Schaustellung jugendlich schöner Körper benutzt worden. Die einzige allgemeine Ausnahme ist gerade der stärkste Beweis für die keusche Auffassungsweise dieser realistischen Kunst: die nackte Bildung des Kindes. Das Christkind pflegt regelmäßig unbekleidet dargestellt zu werden, ebenso die Kinderengel. In der Darstellung des Kindes, in der sich die Kunst der Zeit, und ganz besonders die Plastik, mit aller Naivetät und Lebensfrische ergeht, hat das Quattrocento, unter eigentümlicher Zusammenwirkung älterer christlicher und antiker Vorbilder, ausnahmsweise einen eigenen Typus geschaffen, den P u tt o . Im Alter, wo im Kinde sich zuerst das Bewußtsein der eigenen Kraft und Persönlichkeit regt, ist der Putto ein eigentümliches Gemisch von christlichem Engel und antikem Genius, ein gutherziger Kinderkobold, der als Schutzengel den Menschen auf seinem Lebenswege begleitet und an seinem Grabe Wache hält, der als guter Werkstattsgeist dem Künstler überall helfend und schmückend zur Seite steht, der neckend und scherzend sein harmloses Spiel treibt; selbst in den ernstesten Motiven der Heiligengeschichte, in denen sie, wenn auch untergeordnet — in der Einrahmung — gewissermaßen zur Aussöhnung mit dem tragischen Inhalt dienen sollen.

Neben den religiösen und biblischen Motiven findet die A l l e g o r i e , die in der kirchlichen Kunst des

Mittelalters unter dem Einflüsse der Scholastik einen bedeutenden Platz einnahm, in der Plastik des Quattrocento beschränktere Anwendung und zugleich eine freiere künstlerische Ausbildung. Diese verdankt sie neben der naturalistischen Auffassung der Zeit vor Allem dem Anschluß an die Allegorie der Antike und der Weiterbildung derselben. Zu den kirchlichen Tugenden: Glaube, Liebe, Hoffnung, gesellen sich die weltlichen Tugenden: Stärke, Vorsicht, Mäßigung, und mit diesen werden gelegentlich schon die Wissenschaften in gleichen Rang gestellt. Wie diese, so werden auch die der Antike entlehnten allegorischen Figuren, wie der Ruhm, das Glück, der Frühling u. a. m., als schöne jugendliche Frauengestalten gebildet, die nur an ihren Attributen kenntlich sind; die monströsen Bildungen, welche die scholastische Deutelsucht des Trecento der Kunst aufdrängte, waren dem gesunden und plastischen Sinne des Quattrocento zuwider.

Die Verehrung der Antike und das Studium derselben weckte auch in den Bildhauern das Interesse an den Stoffen aus der antiken Mythologie und Geschichte. Da die große Kunst fast ausschließlich auf kirchliche Aufgaben beschränkt blieb, so war es die für die Privaten beschäftigte Kleinkunst, in welcher die Freude an solchen Stoffen volle Bethätigung finden konnte; in der Plastik insbesondere der bildnerische Schmuck der kleinen Hausgeräte, wie Tintefässer, Leuchter, Schwertgriffe, Agraffen, Kästchen u. s. f., die uns heute meist nur in ihren einzelnen Teilen, den sogenannten Plaketten, erhalten sind, ferner die Rückseiten der Medaillen und die Kameen. Die Motive sind zumeist den bekanntesten römischen Klassikern, namentlich Ovid und Livius entlehnt und je nach der Bestimmung des Gegenstandes mit feiner Beziehung ausgewählt: an den Schwertgriffen finden wir regelmäßig Thaten der mythischen römischen Helden, die

Herkulesarbeiten oder ähnliche Darstellungen, an den Agraffen Venus und Amor, die Liebschaften der Götter u. dergl.

Die ausgeprägt naturalistische Auffassung des Quattrocento ließe von vornherein auf die Ausbildung des G e n r e auch in der Plastik schließen; so naturwahr und selbst genrehaft manche Motive aber auch aufgefaßt sind, so haben doch religiöse Scheu und monumentaler Sinn eine Entwickelung der Plastik nach dieser Richtung fast ganz zurückgehalten. Nur in der Darstellung des Kindes, im »Putto«, hat das XV. Jahrh. in Italien eine wirkliche Genrefigur geschaffen, und gerade diese Ausnahme ist ein Beweis für den Geschmack und das Stilgefühl dieser Zeit, worauf oben (vergl. S. 39) schon hingewiesen ist. Ein dem Namen nach noch unbekannter Nachfolger Donatello's modelliert sogar Gruppen von Kindern, die in der derben Gestaltung und Auffassung dem Bauerngenre der späteren Niederländer kaum etwas nachgeben. Nur ein Künstler Italiens, Guido Mazzoni in Modena, abseits von den großen Kunststätten, geht in seinem Realismus so weit, daß er regelmäßig seine biblischen Motive zu derben Volsscenen aus seiner Umgebung umgestaltet; seine bekannten farbigen Thongruppen der Anbetung des Kindes und der Beweinung Christi sind offenbar Nachahmungen der religiösen Volksschauspiele der Zeit. Gerade solche Ausnahmen lassen den Geschmack und den großen Sinn der italienischen Kunst im Allgemeinen in um so schärferem Licht erscheinen.

So anspruchslos und konservativ die Plastik des Quattrocento in den Motiven ist, so mannigfaltig und neu ist sie, dem Trecento gegenüber, im M a t e r i a l , in dem sie ihre Bildwerke ausführt; jedes zugängliche und brauchbare Material, in dem eine künstlerische Ausführung möglich war, ist von den Bildhauern des XV. Jahrh. benutzt worden; die Wahl desselben ist dabei aber vielfach nach der gestellten Aufgabe getroffen und die Ausführung regelmäßig mit feinem Stilgefühl dem Charakter des Stoffes entsprechend gemacht worden.

Das häufigste und für vornehmere Aufgaben bevorzugte Material ist nach wie vor der Marmor. Die seit der Zeit des Niccolo Pisano stark ausgebeuteten Brüche von Carrara lieferten eine Fülle des schönsten Marmors, dessen kalter Färbung die italienischen Künstler (wahrscheinlich durch Einlassen von heißem Wachs) einen warmen gelblichen Ton zu geben verstanden. Der Marmor wurde als solcher zur Erscheinung gebracht; nur einzelne Ornamente an den Gewändern, die Heiligenscheine und Haare wurden noch vergoldet und der Hintergrund des Reliefs, falls er nicht ein landschaftlicher oder architektonischer war, erhielt regelmäßig eine graublaue Farbe; reichere Bemalung des Marmors kommt nur ausnahmsweise und zu dekorativen Zwecken vor. Für die in Verbindung mit der Architektur arbeitende Plastik wird der Marmor häufig durch billigeren Stein ersetzt: im Venezianischen und im Herzogtum Urbino durch den feinen italienischen Kalkstein (für Venedig meist aus Istrien bezogen und danach als pietra d'Istria bezeichnet), in Florenz durch den feinkörnigen grünlichgrauen Sandstein aus der Umgebung von Florenz (unter dem Namen pietra serena bekannt).

Die Bearbeitung des Marmors, wie im Allgemeinen auch der als Ersatz dafür eintretenden geringeren Steinarten geschah fast ausschließlich durch verschiedenartige Meißel. Der Bohrer wurde zwar daneben angewendet, aber man verstand noch nicht, wie im Altertum, denselben auch lang zu führen; um z. B. eine tiefe Falte zu machen, setzte man ein Bohrloch neben das andere und meißelte dann die kleinen Zwischenwände fort (man vergleiche die Marmorstatue des Giovannino von Michelangelo No. 209).

Durch diese verschiedene Behandlungsweise lassen sich die Arbeiten der Antike und des Quattrocento im Zweifelfalle meist unschwer auseinander halten. Die Bearbeitung des feinen Kalksteins konnte, bei der großen Dichtigkeit und Weichheit desselben, wenn er frisch gebrochen war, in einem vorgeschrittenen Stadium der Arbeit mit Messern oder messerartigen Instrumenten erfolgen, wodurch eine außerordentliche Schärfe der Ausführung möglich wurde (vergl. die Büste der Urbiner Prinzessin, No. 62A, sowie die Pilaster von der Scuola di San Giovanni in Venedig, No. 169 u. 170). Die Politur, welche die Marmorbildwerke regelmäßig erhielten, war lange nicht so stark wie im Trecento oder im späten Altertum, sie wurde aber in der Wirkung verstärkt durch die Tönung, welche der Marmor zum Schluß erhielt.

Neu, wenn auch nicht als Material, so doch im Umfange und in der Art seiner Verwendung, ist die B r o n z e. Nach den Arbeiten der byzantinischen Künstler war die Bronzethür des Andrea Pisano der erste vereinzelte Versuch eines Bronzegusses im Großen gewesen; im XV. Jahrh. gewann derselbe eine solche Bedeutung und damit allmählich auch eine solche künstlerische Ausbildung, daß die Bronze offenbar als das vornehmste Material für plastische Monumente jeder Art angesehen wurde. Anfangs auf den Guß von Reliefs beschränkt, wurde die Bronzeplastik bald auch auf Statuen, Büsten und Werke der Kleinkunst ausgedehnt; und während in der ersten Hälfte des Jahrhunderts Statuetten noch voll gegossen werden mußten und viele Güsse so ungenügend gelangen, daß die Ciselierung einen hervorragenden Anteil an der Fertigstellung der Bronzen hatte, sind die späteren Bronzen schon dünn und leicht und, bei kleineren Bildwerken, häufig à cire perdue gegossen und ganz unciseliert gelassen. Die Güsse scheinen meist über Wachsmodelle ausgeführt zu sein. Die Patina wurde, da der Besteller nicht Jahre lang warten wollte, bis der Einfluß der Luft Patina bildete, regelmäßig künstlich hergestellt, indem die Bronzen mit einer schwärzlichen pechartigen Masse überzogen wurden, die wahrscheinlich poliert worden ist. Mit der Zeit ging diese durch Berührung von den Höhen ab; hier bildete sich dann eine natürliche Patina, die in Verbindung mit jener künstlichen Patina in den Tiefen mit ihrem schwärzlichen stumpfen Ton von feiner malerischer Wirkung ist.

Die Freude an der Plastik und das Bedürfnis, alle öffentlichen Bauten mit Bildwerken auszustatten und selbst das Privathaus damit zu schmücken, hatte die Ausbildung der kostspieligen Bronzeplastik hervorgerufen; sie war aber zugleich die Veranlassung, daß die Künstler sich nach billigen Materialien umschauen mußten, um den Anforderungen auch der weniger Bemittelten nachkommen zu können. Daher sehen wir jetzt eine außerordentlich große Zahl von Bildwerken in Holz und namentlich in Thon ausführen, Schnitzaltäre und Einzelstatuen, ausnahmsweise auch Büsten in H o l z , reich bemalt und vergoldet, finden wir fast nur in besonders holzreichen Gegenden, wie in den Apenninen und in Oberitalien, namentlich an den Abhängen der Alpen und in der Nachbarschaft derselben. Hier hat offenbar der Einfluß der benachbarten deutschen Kunst bestimmend eingewirkt. Weit bedeutender, namentlich auch für die künstlerische Entfaltung der italienischen Plastik, ist die Bildnerei in T h o n geworden. Während im Trecento nur ganz ausnahmsweise der Thon für plastische Zwecke verwendet wurde, gewinnt derselbe gleich im Anfange des Quattrocento eine hervorragende Bedeutung als bildnerisches Darstellungsmittel. Und zwar durchaus nicht allein in den steinarmen Gegenden, wie in der Lombardei oder im Gebiet von Bologna und Ferrara: gerade in Florenz leiten den Übergang aus dem Trecento in die neue Zeit eine

Reihe von Bildhauern ein, welche vorwiegend in Thon modellieren und für kleinere Kirchen und Privatkapellen Altäre und Supraporten mit Madonnenreliefs, gelegentlich auch den ganzen Wandschmuck der Kirchen oder Grabmonumente, sowie die Tabernakel in den Straßen aus Thon herstellen. War hier zweifellos die Billigkeit und Schnelligkeit der Herstellung der Grund für die Wahl des Materials, so erkannten die florentiner Bildhauer bald auch den Vorteil, welchen der Thon als das einfachste Mittel zum unmittelbaren, unverfälschten Ausdruck der künstlerischen Absicht bietet; sie benutzten denselben daher regelmäßig zur Herstellung von kleinen Skizzen oder Modellen, welche an die Stelle der ausgeführten Zeichnungen traten, nach denen das Trecento regelmäßig gearbeitet hatte. Solche Entwürfe in der Berliner Sammlung sind z. B. das Relief der Grablegung Christi von Verrocchio (No. 97A) und Maria im Limbus von B. da Majano (No. 589D). Nach den Thonmodellen wurden in der Werkstatt vielfach von Schülern oder Gehülfen, die Marmor- oder Bronzebildwerke ausgeführt; eine Teilung der Arbeit, wie sie sich namentlich in Florenz durch den Umfang mancher Monumente und die Häufung der Aufträge an die berühmteren Künstler mit Notwendigkeit herausbildete. Solche Modelle, deren Ausführungen in Marmor oder in Bronze noch erhalten sind, sind in unserer Sammlung die Büste des Filippo Strozzi von B. da Majano (No. 85, Marmorausführung im Louvre), das Tondo mit der Anbetung von A. Rossellino (No. 64, Marmorausführung im Bargello) und das Madonnenrelief von Bellano (No. 156A, Bronzeausführung am Grabmal De Castro in S. Servi zu Padua). Verschiedene andere Thonarbeiten der Sammlung sind zweifellos gleichfalls als Modelle gearbeitet worden, wenn sich auch die Monumente, für die sie bestimmt waren, nicht mehr nachweisen lassen oder überhaupt nicht zur Ausführung kamen.

Alle diese Thonbildwerke wurden regelmäßig bemalt; selbst die meisten Modelle und Skizzen, da dieselben wegen ihres künstlerischen Wertes in den Ateliers aufbewahrt oder an andere Künstler vergeben wurden, die Naturfarbe des gebrannten Thons aber dem Farbensinn der Zeit widerstrebte. Ausgeführt wurde die Bemalung in Wasserfarben, und zwar ganz naturalistisch, wie bei einem Gemälde. Die Farben wurden meist nicht direkt auf den Thon aufgetragen, sondern man überzog denselben vorher, wie die Tafel bei Gemälden, mit einer dünnen Kreideschicht, weil auf dieser Farben und Vergoldung besser haften. Da manche dieser Bildwerke, wie Straßentabernakel, Lünetten, Friese u. a., zur Aufstellung in freier Luft bestimmt waren, so gab man den Farben zum Widerstande gegen die Witterung einen Lacküberzug, wie er z. B. noch bei dem Madonnenrelief (No. 112A) erhalten ist. Ein solcher Überzug konnte jedoch nur kurze Zeit dem Einflüsse von Wasser und Sonne widerstehen; daher kam Luca della Robbia auf den Gedanken, seine Thonskulpturen in derselben Art wie die Thongefäße mit einer Glasur zu überziehen. Seine Versuche hatten den besten Erfolg und fanden allgemeinsten Beifall, so daß sich eine Industrie daran anknüpfte, welche ein Jahrhundert lang in der Familie dieses Künstlers durch verschiedene Generationen ausgeübt wurde. Florenz und der von Florenz abhängige Teil Mittelitaliens verdankt derselben eine außerordentlich große Zahl von Altären, Tabernakeln, Lünetten, Wappen, Friesen, ausnahmsweise auch Freifiguren, Taufbecken u. s. f., die meist noch an Ort und Stelle erhalten sind. Das Thonmodell wurde leicht gebrannt (bei größeren Monumenten in mehreren Stücken), dann bemalt und nach Überzug mit einer Emailschicht zum zweiten Mal ins Feuer gebracht. Die Bemalung war (und zwar von vornherein schon bei Luca selbst) entweder ganz farbig; dann waren die Farben auf weiß, blau, grün, gelb, violett und schwarz beschränkt; oder die Figuren wurden, in Nachahmung des Marmors, weiß gelassen; dann erhielt nur der Hintergrund bei Reliefs einen blauen Ton und die Ornamente, Heiligenscheine und Muster wurden vielfach vergoldet. Die Einrahmung besteht meist aus plastischen, farbig gehaltenen Frucht- oder Blumenkränzen von stilvoller Anordnung, aber feinster naturalistischer Durchführung.

Das Bedürfnis nach Kunstwerken für die häusliche Andacht und die Popularität der Plastik, namentlich in Florenz, hat neben den verschiedenartigen Thonbildwerken noch eine andere Gattung von Skulpturen hervorgebracht, die S t u c k b i l d w e r k e , vorwiegend Stuckreliefs. Schon gegen den Ausgang des Trecento hatten florentiner Künstler vereinzelt Abgüsse nach ihren Arbeiten in Marmor oder Stein angefertigt und sie, nach vollständiger Bemalung, in den Handel gebracht. Seit dem Anfange des Quattrocento bis gegen das Ende des Jahrhunderts wurden solche Nachbildungen nach kleineren Originalskulpturen in großer Menge angefertigt. Dadurch, daß an Stelle des Madonnenbildes im Trecento jetzt das Madonnenrelief mehr und mehr das häusliche Andachtsbild des florentiner Bürgers wurde, kamen manche dieser Stuckreliefs in hunderten von Exemplaren in das Publikum. Wegen der Unscheinbarkeit und Wertlosigkeit des Materials ist freilich nur ein kleiner Teil derselben auf uns gekommen und unter den erhaltenen ist weitaus die Mehrzahl durch Schmutz und Übermalungen in ihrer Wirkung mehr oder weniger stark beeinträchtigt. Doch leisten auch diese noch die besten Dienste zur Vervollständigung des Bildes der einzelnen florentiner Künstler; denn zahlreiche Werke derselben, deren Originale zerstört wurden oder verloren gingen, sind uns in solchen Stucknachbildungen erhalten. Diese Stuckbildwerke wurden regelmäßig durch Guß hergestellt, und zwar aus einer von unserem Gips wesentlich verschiedenen Mischung von Marmorstaub und mehr oder weniger grobkörnigem Sand; eine Mischung, welche diese Bildwerke bis zu einem gewissen Grade wetterbeständig machte und eine künstlerische Bemalung ermöglichte. Nur ausnahmsweise wurde der Stuck auch wie Thon modelliert und mit Messern bearbeitet, wie die Stuckbüste eines jungen Mädchens von Desiderio (No. 62G) und das florentiner Madonnenrelief (No. 63) beweisen. Jene Abgüsse wurden in der Regel über die Originale, gelegentlich aber auch über die Modelle hergestellt, und zwar meist in der Werkstatt der Künstler selbst. Auf diese Weise konnten die kostspieligen Originale in Marmor oder Bronze in zahlreichen Kopien um einen ganz geringen Preis in aller Hände kommen. Der selbständige künstlerische Wert dieser Stuckbildwerke hängt von ihrer Bemalung ab. Sehr häufig wurden dieselben freilich nur handwerksmäßig von Anstreichern bemalt, oft aber wurde die Bemalung mit großer Feinheit ausgeführt, sei es nun durch den Künstler, der das Original verfertigt hatte, oder durch einen ihm befreundeten Maler. Regelmäßig war diese Bemalung, wie bei den Thonbildwerken, eine vollständige und ganz farbige; nur ausnahmsweise ahmt sie den Marmor (vergl. Rossellino's Madonna No. 72) oder die Bronzefarbe nach (vergl. Luca's Madonnenrelief No. 114).

Wie im Trecento, so spielt auch im Quattrocento die G o l d s c h m i e d e k u n s t eine wichtige Rolle in der Plastik; war doch eine Reihe der tüchtigsten Bildhauer dieser Zeit bei Goldschmieden ausgebildet oder selbst als Goldschmiede hervorragend thätig. Neben gelegentlichen Aufträgen der Kirchen auf Vervollständigung jener großen Silberaltäre mit kleinen getriebenen Reliefs und Einzelfiguren, wie sie in Florenz und Pistoja noch erhalten sind, hatten die Goldschmiede namentlich die wachsenden Ansprüche der Vornehmen an eine künstlerische Gestaltung des Schmuckes und der kleinen häuslichen Geräte zu befriedigen. Kußtäfelchen für die Andacht im Hause, Schmuckkästchen aller Art, Tintefässer, Leuchter und Lampen, Hut-Agraffen, Schwertknäufe, Schließen u. dergl. wurden in Gold, Silber oder edlen Steinarten, namentlich in Bergkrystall hergestellt und bei dem monumentalen Sinne der Zeit in reichster Weise plastisch ausgestattet. Wie nun das künstlerische Bedürfnis der Zeit in den bemalten Stuckbildwerken ein Mittel zu weitester Verbreitung hervorragender größerer Bildwerke gefunden hatte, so wußten die Künstler diesem Bedürfnisse in ähnlicher Weise für jene kleinen Gebrauchsgegenstände entgegenzukommen, indem sie die kostbaren Originale oder die Modelle derselben abformten und in Bronze (ausnahmsweise auch in Blei[A]) nachgössen; die einzelnen Teile aber waren gesuchte Besitzstücke in den Werkstätten der Bildhauer und Goldschmiede des XV. und XVI. Jahrh. Diese Nachgüsse erhalten dadurch für die Skulptur eine ähnliche Bedeutung wie der Kupferstich für die zeichnenden Künste. Während die Originale, ihres edlen Materials halber bis auf eine kleine Zahl durch Einschmelzen zerstört wurden, sind uns Bronzenachbildungen davon in ganzen oder nur in einzelnen Teilen, namentlich in den kleinen Relieftafeln, den P l a k e t t e n (plachette, plaquettes, vergl. S. 39f.), zahlreich erhalten. Die verschiedenartigen, bis jetzt bekannten Plaketten aus dem Quattrocento und den ersten Jahrzehnten des Cinquecento übersteigen die Ziffer von eintausend; die Berliner Sammlung besitzt davon allein nahezu achthundert, die fast ausnahmslos erst in neuester Zeit erworben wurden, während Goethe schon im Anfange dieses Jahrhunderts mit den italienischen Medaillen auch eine nicht unbedeutende Sammlung solcher Plaketten zusammenbrachte (jetzt im Goethe-Museum zu Weimar). Der Wert dieser kleinen Bronzereliefs besteht namentlich in der Veranschaulichung der Meisterschaft, welche die Plastik des Quattrocento in der Erfindung und in der

Ausgestaltung der mannigfaltigsten Motive, wie in der stilvollen Durchführung der verschiedensten Arten des Reliefs besaß; auch können wir, da die große Plastik fast ganz auf religiöse Motive oder Porträtdarstellung beschränkt blieb, hier allein das Geschick der Künstler in der plastischen Gestaltung mythologischer, historischer und allegorischer Gegenstände genügend kennen lernen.

In der Art der plastischen Darstellung bringt das Quattrocento die völlige Befreiung und stilvolle Ausbildung der verschiedenen Gattungen, welche das Trecento nur teilweise und vermischt gekannt hatte. Die Freifigur in ihrer vollen naturalistischen Durchbildung wird schon im ersten Jahrzehnt des XV. Jahrh., namentlich durch Donatello, eine der wichtigsten Aufgaben der Plastik. Sie wird jetzt meist schon mit Rücksicht auf den Platz ihrer Aufstellung gebildet, sowohl der stilistischen Rücksicht auf das Bauwerk, wie nicht selten auch der perspektiven Rücksicht auf den Standpunkt des Beschauers. Selbst vor der Zusammenordnung verschiedener Figuren zur Gruppe scheut die Zeit nicht zurück. Die vier Heiligen des Nanni di Banco in einer der Nischen von Or San Michele in Florenz sind zwar noch zufällig neben einander gestellte Freifiguren; aber Donatello's Bronzegruppe der Judith über den Leichnam des Holofernes, die Gruppen der Begegnung Mariä mit Elisabeth von Andrea della Robbia in Pistoja und die Begrüßung der Heiligen Franz und Dominicus von demselben Künstler unter der Halle auf Piazza S. Maria Novella, sowie Verrocchio's »Christus und Thomas« an Or San Michele in Florenz entsprechen in Komposition, Bewegung und Ausdruck als Gruppe wie in den Einzelfiguren den höchsten künstlerischen Anforderungen.

Die plastische Darstellung des Porträts, im XIV. Jahrh. fast ganz zurückgedrängt, erhält im XV. Jahrh., in Folge der bis zum rücksichtslosesten Egoismus ausgebildeten Individualität und der Ruhmsucht der Zeit, eine hervorragende Bedeutung; jedoch fast ausschließlich als Büste oder als Reliefporträt. Die Porträtstatue fehlt fast ganz; einige Statuen auf Dogengräbern ausgenommen, begnügte man sich damit, Heiligenfiguren die Züge berühmter Zeitgenossen zu geben (wie dies z. B. bei mehreren Prophetenstatuen Donatello's am Campanile der Fall ist). Eine Ausnahme machte man nur mit der R e i t e r s t a t u e , welche schon von einzelnen Tyrannen des Trecento als vornehmstes Denkmal ihres Ruhmes bevorzugt war. Während der Reiter in der norditalienischen Kunst, im Anschluß an jene älteren Denkmäler, eine mehr reliefartig gedachte Figur innerhalb eines reichen Monumentes bleibt, haben die Florentiner Donatello und Verrocchio im Gattamelata und Colleoni selbständige Reitermonumente geschaffen, die in ihrem Aufbau und in der gewaltigen individuellen Wirkung von Roß und Reiter zu den großartigsten Monumenten aller Zeiten zählen.

Die bevorzugte Art der plastischen Porträtdarstellung ist die B ü s t e , die sonst im Quattrocento für die Wiedergabe von Heiligen oder Idealfiguren nur ausnahmsweise gewählt wird. In Florenz, das auch hier vorangeht und die glänzendste und mannigfaltigste Entwickelung zeigt, wurde die Wiedergabe der hervorragenderen Mitglieder der vornehmen Familien in Büsten aus Marmor oder bemaltem Thon mehr und mehr die Regel. Um dieselben in weitere Kreise zu verbreiten, benutzen die Künstler auch hier das Mittel der Stucknachbildungen, welche sie in ihren Werkstätten anfertigen und bemalen ließen. Beispiele dafür sind in der Berliner Sammlung u. a. die Büste des Lorenzo Magnifico (No. 148) und des angeblichen Macchiavelli (No. 147, Marmor-Original im Bargello).

Charakteristisch für die Form der Porträtbüsten des XV. Jahrh. und für ihre Bestimmung zur Aufstellung auf Kaminen und Thürstürzen, ist die flache Endigung nach unten; diese verlangte eine Basis, welche entweder aus einem Stück mit der Büste oder als besonderer Untersatz aus bemaltem Holz gearbeitet ist. Die Persönlichkeit ist regelmäßig in größter Anspruchslosigkeit und Einfachheit aufgefaßt; der Künstler beschränkt sich darauf, dieselbe mit möglichster Treue in ihrer vollen Eigentümlichkeit wiederzugeben. Nur ganz ausnahmsweise ist eine innere Erregung oder eine lebendige Bewegung in der Büste angestrebt, wie in Donatello's Büste des Niccolo Uzzano im Bargello.

Für die hohe Entwickelung des künstlerischen Empfindens und die Feinheit des Stilgefühls im Quattrocento ist die Behandlung des R e l i e f s ein sprechendes Zeugnis. Wie im ganzen Mittelalter, so nimmt das Relief auch jetzt noch den bedeutendsten Platz in der Plastik ein, tritt aber gleichfalls weniger selbständig wie als Schmuck der verschiedensten Monumente und Bauteile auf. Während nun das Relief im früheren Mittelalter über eine überfüllte Anhäufung von beinahe freistehenden Figuren, nach dem Vorbilde der spätrömischen und etruskischen Denkmäler, nicht hinauskommt und das Trecento daraus zu einer ganz malerischen Behandlung des Reliefs gelangt, ist die Auffassung des Reliefs im Quattrocento, so verschieden und mannigfaltig sie ist, regelmäßig eine durchaus plastische. Die Art des Reliefs — ob Hochrelief, Halbrelief oder Flachrelief — ist daher zumeist nicht nach der Individualität der einzelnen Künstler verschieden (wenn auch einzelne die eine oder andere Art bevorzugen), sondern sie wird, wie in der klassischen Zeit der griechischen Plastik, der Bestimmung des einzelnen Reliefs entsprechend gewählt. Es finden sich daher an größeren Monumenten nicht selten alle Arten des Reliefs nebeneinander, wie es die Gesamtwirkung und der Platz, an dem die einzelnen Reliefs angebracht sind, erforderte. Die perspektivische Behandlung des Reliefs, des Flachreliefs wie des Hochreliefs ist dabei den Künstlern des Quattrocento fast ausnahmslos zur anderen Natur geworden.

Die B e t e i l i g u n g d e r v e r s c h i e d e n e n

P r o v i n z e n   I t a l i e n s an der Entwickelung der Plastik im Quattrocento ist eine sehr verschiedene: wie im XIV. Jahrh. ist auch im XV. Toskana für den Fortschritt und die Höhe der Kunstentfaltung fast allein maßgebend. Insbesondere gewann F l o r e n z , das seit Giotto die Führerschaft in der Malerei übernommen hatte, seit der Mitte des Trecento auch in der Plastik die fast ausschließliche Herrschaft. Im Boden von Florenz keimt die junge Pflanze, hier entfaltet sie sich rasch zur herrlichen Blüte und reift zur Frucht, deren Samen in ganz Italien die bildnerische Thätigkeit aufsprießen läßt. Toskanische und insbesondere Florentiner Künstler verbreiten sich über ganz Italien und legen dadurch den Grund zu einer provinzialen Entfaltung der Plastik, die sich in mehr oder weniger selbständigen Bahnen entwickelt, ohne freilich Werke von dem allgemeinen Kunstwerte zu schaffen, wie es die florentinischen Skulpturen dieser Zeit sind.

Die neue Zeit tritt nur langsam und vielfach schüchtern ins Leben; selbst der Meister, der ihr recht eigentlich zu ihrem Rechte verholfen hat, selbst Donatello macht sich doch nur sehr allmählich von den Gewohnheiten los, in denen er groß gezogen war. Aber auch, als er schon frei und rücksichtslos die neuen Wege ging, die er sich selbst gebahnt hatte, wirkten die Traditionen des Trecento doch in anderen Künstlern, selbst in Florenz, noch Jahrzehnte lang nach.

Am Ausgange des XIV. Jahrh. stellt sich die Plastik in ganz Italien in sehr unvorteilhafter Weise als ein gedankenloses Ausleben der Richtung der jüngeren Pisani dar, der jedes ernstere Naturstudium, jede naive Anschauung fehlte. Erst um die Wende des Jahrhunderts macht sich in Florenz ein frischer naturalistischer Zug in dekorativen Arbeiten, namentlich an den Domthüren geltend. Tritt derselbe in den

Laibungen des Südportals, die zwischen den Jahren 1386 und 1402 von einem P i e r o   d i   G i o v a n n i T e d e s c o gearbeitet wurden, in den spielenden nackten Engeln zwischen naturalistischem Rankenwerk, noch befangen und selbst ungeschickt zu Tage, so ist in den Laibungen des Nordportals, welches 1408 von N i c c o l o   d ' A r e z z o begonnen und von A n t o n i o   d i   B a n c o (unter Beihülfe seines Sohnes G i o v a n n i) beendet wurde, sowohl in der Durchbildung der Ornamente wie der Figürchen darin eine Wiedergeburt aufs Entschiedenste angestrebt, freilich auf Grundlage der gotischen Formen und der Entwickelung des Trecento. Während daher die lebensgroßen Figuren derselben Künstler (besonders im Dom zu Florenz) noch altertümlich und befangen erscheinen, sind ihre kleinen Figuren durch die geschmackvolle Anordnung, zarte Empfindung und zierliche Durchführung schon fast modern im Sinne des Quattrocento.

Den Höhepunkt dieser in enger Beziehung zum Trecento stehenden und davon abhängigen Richtung der florentiner Plastik des Quattrocento bezeichnet L o r e n z o   (d i C i o n e)   G h i b e r t i (1378—1455). Beurteilt man diesen gefeierten Meister der Plastik vom einseitigen Standpunkt des Naturalismus und mit Rücksicht auf die Bedeutung, die er für die Entwickelung der Renaissancekunst gehabt hat, so wird man zu einer einseitigen Verurteilung des Künstlers gelangen. Verglichen namentlich mit seinem jüngeren Nebenbuhler Donatello erscheint Ghiberti leer und oberflächlich in den Formen, gesucht und theatralisch in Komposition, Bewegung und Ausdruck, unruhig und beinahe stillos in seiner Reliefbehandlung, namentlich an der späteren Bronzethür. Aber dem Mangel an Naivetät und an Ernst des Naturstudiums stehen doch hervorragende künstlerische

Eigenschaften gegenüber: Reichtum der Phantasie, hoher Schönheitssinn, Großartigkeit der Auffassung, Schwung in der Bewegung und Meisterschaft der Komposition, durch welche Ghiberti trotz jener Schwächen als der größte unter den Bildnern dasteht, welche aus der Kunst des Trecento in die des Quattrocento überleiten. Seine Fehler treten am stärksten hervor in großen Einzelfiguren, wie in den drei bronzenen Kolossalfiguren an Or San Michele (ausgeführt zwischen den Jahren 1414 und 1428); und doch sind auch diese entweder durch die Großartigkeit der Bewegung, wie der Matthäus, oder durch die Vornehmheit der Empfindung, wie die Gestalt des Stephanus, ausgezeichnet. Am glücklichsten zeigt sich das Talent des Künstlers in Kompositionen mit kleinen Figuren, namentlich wenn er sich darin seine Vorgänger aus dem Trecento zum Vorbilde nimmt. Der bei dem Auftrag auf seine erste Thür (1403, vollendet 1424) geforderte Anschluß an die Bronzethür des Andrea Pisano legte dem jungen Ghiberti in Form, Komposition und Reliefstil der einzelnen Füllungen eine Beschränkung auf, innerhalb welcher seine Größe in Auffassung und Anordnung, sein Pathos, die Schönheit und Vornehmheit seiner Gestalten zu voller, ungestörter Entfaltung kommen konnten. Ähnliche Vorzüge haben auch seine beiden Kompositionen am Taufbrunnen in San Giovanni zu Siena (1417—1427) und selbst noch die Reliefs an der 1440 gegossenen Graburne des hl. Zenobius im Dom zu Florenz. In der zweiten Bronzethür, welche Ghiberti zwischen den Jahren 1424 und 1452 für das Battistero in Florenz ausführte, in den berühmten »Pforten des Paradieses«, ist schon der architektonische Aufbau nicht glücklich; namentlich leiden aber die einzelnen Kompositionen an Überfüllung und an einer malerischen Behandlung der Reliefs, welche von beinahe freistehenden Figuren vorn bis zu ganz flach behandelten Scenen im Hintergrunde mit reicher landschaftlicher Umgebung sich abstufen. Ein Vergleich mit den Bronzethüren des Luca della Robbia im Dom und mit den kleinen unscheinbaren Thüren Donatello's in der Sakristei von San Lorenzo zu Florenz, die etwa gleichzeitig entstanden, läßt die Schwächen dieser Arbeit Ghiberti's in monumentaler wie in plastischer Wirkung doppelt stark empfinden. Doch sind auch hier in der Erfindung, in manchen Gruppen, in den Einzelfiguren und Köpfen der Einrahmung hervorragende Schönheiten.

108A. Bemalter Thonaltar vom Meister der Pellegrinikapelle.

Für Ghiberti's Stellung zwischen der Kunst des Trecento und des Quattrocento, welche ihn mehr als den Abschluß des ersteren wie als Vorläufer oder gar als Bahnbrecher der letzteren erscheinen läßt, ist es charakteristisch, daß er fast gar keinen Einfluß auf die Entwickelung der Kunst in Florenz gehabt, daß er trotz zahlreicher Mitarbeiter keine Schule gemacht hat. Selbst sein Sohn Vittorio, bis zu des Vaters Tode dessen Mitarbeiter, geht in den selbständigen Werken seine eigenen Wege.

Neben Ghiberti hat eine kleine Gruppe von gleichzeitigen florentiner Bildhauern, die ihrem Namen nach meist noch unbekannt sind, in ihrer Stellung zwischen der älteren und der neuen Zeit eine verwandte, eigene Bedeutung. Während sie dem Ghiberti an Phantasie und schöpferischem Talent weit nachstehen, in der naturalistischen Durchbildung oft noch hinter ihm zurückbleiben und in ihrer Ornamentik an den überlieferten gotischen Formen festhalten, die sie in barocker Weise ausbilden, zeigen sie doch gerade in der Auffassung einen modernen naturalistischen Zug, der Ghiberti noch abgeht. Ihre einfachen Kompositionen oder Einzelfiguren sind durch Naivetät und Natürlichkeit der Empfindung ausgezeichnet; namentlich in der Madonna, die außerordentlich häufig von ihnen dargestellt ist, bringen sie das rein menschliche Verhältnis von Mutter und Kind mit eben so viel Einfachheit wie Zartheit der Empfindung zum Ausdruck. Mit ihrer Auffassungsweise sind sie offenbar der Anschauung des Volkes entgegengekommen; dies beweist schon der Umstand, daß sie regelmäßig den billigen Thon zur Ausführung ihrer Werke wählen, und daß gerade durch ihre Arbeiten sich als häuslicher Andachtsgegenstand der Florentiner das Madonnenrelief, an Stelle des Madonnenbildes im Trecento, einbürgert. In diesen Madonnenreliefs, die, in bemaltem Thon oder Stuck ausgeführt, auch dem wenig bemittelten Bürger zugänglich waren, sind die häuslichen Bürgertugenden des Florentiners dieser Zeit: Keuschheit und Liebe zwischen Eltern und Kindern, in der edelsten Weise verklärt zum Ausdruck gebracht.

Während die Berliner Sammlung von Ghiberti, der außerhalb Toskana überhaupt fehlt, und von den vorher genannten Künstlern keine Werke aufzuweisen hat, sind diese florentiner »Thonbildner« besonders reich und gut vertreten, so daß sich die verschiedenen Künstler dieser

Gruppe nirgends besser als in Berlin in ihrer Eigenart unterscheiden lassen.

109D. Bemaltes Stuckrelief von einem florentiner Thonbildner.

Am altertümlichsten und zugleich am befangensten erscheint ein Künstler, der besonders häufig vorkommt und in Norditalien, in Sta. Anastasia zu Verona, im Dom zu Modena und in Venedig eine bedeutendere Thätigkeit entwickelt hat. Schon in seiner architektonischen Umrahmung zeigt er eine eigentümlich barocke Mischung plumper gotischer und schlecht verstandener Renaissanceformen. Die unsichere, ausgeschwungene Haltung seiner Figuren, die kleinen Köpfe, die langen Falten der schweren Stoffe mit ihren Schnörkeln, wo sie auf den Boden aufstoßen, die mangelhafte Durchbildung, namentlich die knochen- und gelenklose Bildung der Körper verraten einen Bildner, der in den Traditionen des Trecento aufgewachsen ist und nicht eigene Kraft genug hat, sich von ihnen los zu machen. Die große vorspringende Stirn, die überstehende Oberlippe, das kleine zurücktretende Kinn und der treuherzige Ausdruck der tiefliegenden Augen sind die bezeichnenden Züge seiner Köpfe, die ihn ebenso leicht erkennen lassen, wie seine Ornamente und seine Gewandgebung. Von seiner Hand besitzt das Berliner Museum einen seiner charakteristischen Altäre (No. 108), eine Madonnenstatuette (No. 107) und ein oder zwei kleine Madonnenreliefs (No. 108A und B). In diesen Gruppen von schlichter Zuständlichkeit entschädigt die Innigkeit der Empfindung für das Fehlen naturalistischer Durchbildung. Weit geringer erscheint der Künstler aber in größeren und bewegten Gruppen, wie in den Passionsscenen der Pellegrinikapelle in Sa. Anastasia zu Verona, seiner umfangreichsten Arbeit, nach der er als der M e i s t e r d e r P e l l e g r i n i k a p e l l e (von Einigen mit R o s s o identificiert, von Andern als D e l l o D e l l i bezeichnet) benannt zu werden pflegt.

112A. Bemaltes Relief von einem florentiner Thonbildner.

Die Richtung dieses Meisters hat mit der des Quercia in Siena manche Verwandtschaft, weshalb dieser auch gewöhnlich als der Urheber der hier in Frage kommenden Thonwerke gilt. Aber neben dem Meister der Pellegrinikapelle sehen wir noch verschiedene florentiner Bildner dieselbe Richtung verfolgen, und zwar meist freier und naturalistischer. Von eigenartiger Größe in der Erfindung erscheint ein Künstler, dem die Maria mit dem schlafenden Kinde (No. 112B) angehört. Ähnlich groß empfunden ist die Maria, welche das nackte, vor ihr stehende Kind kitzelt (No. 112A). Einem anderen Meister gehören ein Paar große Madonnenkompositionen, denen besonders zarte Empfindung und reiche Gewandung eigentümlich ist (No. 109C und D). Besonders häufig als Stuckreliefs verbreitet sind verschiedene unter sich nahe verwandte Madonnen, in denen sich das Kind zärtlich an die Mutter anschmiegt; alle, wie das nebenstehend abgebildete Relief (No. 109), ausgezeichnet durch die glückliche Gruppierung von Mutter und Kind, das innige, rein menschliche Verhältnis zwischen beiden und die einfache, volle Faltengebung; nur in der Ausführung der Extremitäten, namentlich der Hände, verrät sich noch ein naturalistisch nicht zu voller Freiheit durchgebildeter Künstler.

109. Bemaltes Stuckrelief von einem florentiner Thonbildner.

Ein Künstler dieser Gruppe ist B i c c i d i
L o r e n z o , der 1424 das Thonrelief der Krönung Mariä über der Thür von S. Egidio in Florenz modellierte. Wie

wenig diese Richtung monumentalen Aufgaben gewachsen ist, beweist B e r n a r d o   C i u ff a g n i (1385—1456), dessen Evangelist Matthäus im Dome zu Florenz wie der Josua ebenda, der Jacobus an Or San Michele und andere Arbeiten charakterlos und ohne naturalistischen Sinn gebildet sind.

Gegenüber diesen Bildnern, die aus der Kunst des Trecento hervorgehen und mehr oder weniger noch mit ihr zusammenhängen, kennzeichnen sich der große Bahnbrecher im Gebiete der Architektur F i l i p p o   B r u n e l l e s c h i (1379 bis 1446) und N a n n i   d ' A n t o n i o   d i   B a n c o († 1420, nach Vasari im Alter von 47 Jahren) als volle Künstler der Renaissance: beide studieren mit größtem Eifer die Werke der Antike, gehen aber zugleich unmittelbar auf die Natur zurück. In den einzigen beiden beglaubigten Bildwerken des Brunellesco, dem kleinen Bronzerelief mit dem Opfer Abrahams im Bargello, das er als Konkurrenzarbeit für die Thür des Battistero ausführte, sowie (wenn auch weniger stark) in dem Holzkrucifix in Sa. Ma. Novella, bekundet der Künstler bei fast gotischer Formbehandlung und Faltengebung einen rücksichtslosen, beinahe genrehaften Naturalismus, dem die religiöse Idee wie die Schönheit der Komposition und der Figuren fast ganz geopfert sind. Nanni di Banco, der in seinen Ornamenten nicht über eine naturalistische Durchbildung spätgotischer Motive hinauskommt, bewahrt dagegen durch ein ausgesprochenes, an der Antike großgezogenes Schönheitsgefühl in allen seinen Bildwerken einen gehaltenen Ernst im Ausdruck, schlichte Würde in der Haltung, einfache Schönheit in seinen stattlichen Gestalten und in ihrer reichen Gewandung. Unter seinen Marmorstatuen an Or San Michele giebt der hl. Eligius an vornehmer, gebieterischer Haltung und Schönheit der Gewandung den besten Figuren

Ghiberti's nichts nach; und das große Relief mit der Gürtelspende Mariä am Nordportal des Domes (seit 1414 in Arbeit) ist die erste im großen Maßstab gehaltene Komposition, die im Sinne der Renaissance das Motiv in lebensfrischer Weise auffaßt und jede Figur bis auf die kleinste Falte treu nach der Natur durcharbeitet, dabei aber zugleich die Gestalten mit edler Schönheit ausstattet und ganz mit der Empfindung des feierlichen Moments erfüllt.

Bei seinen Einzelfiguren gelingt dem Nanni freilich die innere Belebung nicht immer: der hl. Lucas im Dome und die Gruppe von vier in wenig glücklicher Weise zusammengestellten Heiligen in einer der Nischen von Or San Michele, für welche der Künstler antike Togastatuen als Vorbild genommen hat, erscheinen mit ihren müden Augen und geschlossenen Lippen etwas unbelebt und verraten auch in der Bildung der Körper, daß sie mehr nach einer richtigen Empfindung als aus voller Kenntnis des menschlichen Körpers gearbeitet wurden. In diesem Sinne: in der naturalistischen Durchbildung, im Studium und der Erkenntnis des Organismus, andererseits aber auch in der psychologischen Vertiefung und in der Charakterschilderung ist der eigentliche Schöpfer der Renaissanceplastik D o n a t e l l o (Donato di Niccolo di Betto Bardi 1386—1466). Was oben zur Charakteristik der Plastik des Quattrocento gesagt ist, gilt daher im vollsten Maße und in erster Linie für ihn. Von Donatello wird uns erzählt, daß er als Jüngling in Rom mit seinem älteren Freunde Brunellesco rastlos die antiken Überreste durchsucht und nach ihnen studiert habe. Ein aufmerksames Studium seiner Werke bestätigt dies in vollem Maße: kein anderer Künstler hat in seinen Motiven so nach antiken Vorbildern gesucht und sich, soweit es irgend möglich war, so eng an dieselben angeschlossen, wie Donatello; aber andererseits hat kein anderer Künstler so eigenartig diese Studien verarbeitet, steht kaum ein zweiter der Antike in seiner ganzen Auffassung so fern, wie gerade er. Donatello ist als Bildhauer — und er hat sich im Gegensatze zu vielen seiner Zeitgenossen ausschließlich der Plastik gewidmet — strenger und rücksichtsloser Naturalist, ohne jedoch über der Vertiefung in die Natur den geistigen Inhalt des Kunstwerkes zu vernachlässigen. Körper und Geist sind ihm, wie in der Natur, unzertrennbar und durch einander bedingt; der Körper ist ihm das Gefäß für den Geist, das er gerade deshalb so naturtreu bildet, um den Geist darin um so lebendiger und überzeugender zum Ausdruck zu bringen. Seine Kenntnis des menschlichen Körpers geht auf gründliche Studien des Nackten zurück; er erhält sich aber dabei, im Gegensatz zu Michelangelo, die Naivetät in der Anschauung der Erscheinung, da er sich noch vom Sezieren fern hält. In dem Ernst seiner naturalistischen Auffassung geht er so weit, daß ihm die Gewandung, auf die er eine besondere Sorgfalt verlegt, weder Selbstzweck (wie z. B. noch bei Nanni di Banco, wo sie den Körper verhüllt) noch vorwiegend malerisches Ausdrucksmittel ist; vielmehr sucht er in erster Linie den Körper darunter wiederzugeben und dadurch zu heben. Die Wiedergabe des Körpers selbst ist aber bei ihm nicht mehr eine naive Wiedergabe der Oberfläche, sondern sie beruht auf der sicheren Handhabung des Knochengerüstes. Sie ist andererseits ganz beherrscht durch die Idee des Kunstwerkes, durch den Charakter, welchen der Künstler der Einzelfigur zu verleihen sucht, oder durch den Ausdruck des Geschehens, welchen er in der Gruppe oder dem erzählenden Relief wiederzugeben bestrebt ist. Die heiligen Motive, die er fast unverändert von der älteren Kunst übernimmt, schafft er insofern neu, als er sie durch seinen Naturalismus zu einfach menschlichen Charakteren und Begebnissen umbildet; andererseits hebt er sie über das Alltägliche hinaus durch die Größe seiner Auffassung, durch die gewaltige innere Erregung, die sich in Statuen und Büsten als mühsam verhaltene Kraft zeigt, in seinen Kompositionen in stärksten Ausbrüchen der Leidenschaft äußert. Seinen Gestalten wohnt (nach Rumohr's Ausspruch, der sonst dem Künstler sehr wenig gerecht wird), eine »zuckende Bewegung« inne, die aber »eine gewisse unsichtbare Spirallinie umgiebt, vor welcher sein Streben nach Ausladung instinktmäßig in den jedesmal gegebenen Schwerpunkt zurückweicht«. In seinem Streben, den Charakter der Persönlichkeit oder einen Typus im schärfsten Lichte zu zeigen, oder die Situation eines historischen Motivs aufs Äußerste zuzuspitzen, scheut der Künstler auch vor dem Häßlichen und vor dem Furchtbaren nicht zurück, aber nur selten verfällt er dabei in Übertreibung. Gerade dadurch ist sein Vorbild von so außerordentlichem Einflusse, ja entscheidend für die Entwickelung der Renaissance geworden, die während des ganzen Quattrocento unter seiner Einwirkung steht.

* Donatello's hl. Georg im Museo Nazionale zu Florenz.

Donatello hatte das Glück, von vornherein zu

monumentalen Aufgaben herangezogen zu werden. Erst zwanzig Jahre alt, erhielt er im Jahre 1406 den Auftrag, zwei kleine Marmorstatuen jugendlicher Propheten für das Nordportal des Domes zu fertigen; nachdem er die Probe mit Glück bestanden hatte, wurde er zu den großen Aufgaben der Dombauhütte, und bald darauf auch zu der ähnlichen Aufgabe der Ausschmückung von Or San Michele herangezogen. Als er 1408 die Prophetenstatuetten ablieferte, erhielt er den Auftrag zu der Marmorstatue des David (jetzt im Bargello), und noch in demselben Jahre wurde die Kolossalstatue des sitzenden Johannes für die Fassade bei ihm bestellt (jetzt im Chor). Die Vollendung dieser Figur (1415) zog sich durch neue und bedeutende Aufträge in die Länge: 1412 arbeitete der Künstler gleichfalls für den Dom, die Statue des Josua (unter der irrtümlichen Bezeichnung des Poggio Bracciolini jetzt im Dom); schon einige Jahre früher entstand der in Holz geschnitzte Crucifixus in Sa. Croce, und bis zum Jahre 1416 vollendete der Künstler drei große Marmorstatuen für die Nischen von Or San Michele: Petrus (?), Markus und zuletzt den berühmten Georg. Kaum hatte Donatello diese Arbeiten abgeliefert, so erfolgte wieder von Seiten der Dom-Opera ein neuer ähnlicher Auftrag: die Statuen für die Nischen des Campanile. Im Jahre 1416 wurde die Johannesstatue in Auftrag gegeben, dann (bis 1426) der Prophet Habakuk, der Jeremias und König David; und gleichzeitig schuf der Künstler gemeinsam mit dem von ihm abhängigen Giovanni Rosso den Abraham mit Isaak und den Josua (1421). Daneben gehen Werke her, für welche die Besteller nicht mehr bekannt sind: wie die Marmorstatuen des jugendlichen Johannes im Bargello und die jüngere und vollendetere in Casa Martelli, und die Bronzestatue des hl. Ludwig innen über dem Hauptportal von Sa. Croce.

39a. Marmorrelief der Stäupung Christi von Donatello.

In dieser ansehnlichen Zahl meist kolossaler statuarischer Arbeiten, die einen Zeitraum von zwei Jahrzehnten ausfüllen, liegt eine reiche Entwickelung des Künstlers beschlossen. In der frühesten Zeit, welche die Kolossalfigur des Evangelisten Johannes und der hl. Georg am glänzendsten vertreten, ist das Streben nach Formenschönheit vorwaltend: schöne regelmäßige Züge, vornehme ruhige Haltung und einfache große Motive der Faltengebung kennzeichnen alle diese Gestalten, deren inneres Leben verhalten erscheint, wie unter der Asche glimmende Kohlen. Mit den Statuen für den Campanile beginnt das Streben nach individueller Belebung, die im »Zuccone« am weitesten getrieben ist; die Figuren werden für den hohen Platz perspektivisch gearbeitet; die Köpfe sind Bildnisse von Zeitgenossen, in ungeschminkter Wahrheit wiedergegeben; die Gewandung zeigt tiefe Falten von malerischer Wirkung und für die Haltung ist ein Heraustreten aus jener verhaltenen Ruhe der früheren Zeit charakteristisch; für einzelne Figuren ist diese Bewegung sogar ein ausgesprochenes Ausschreiten, wodurch der

Künstler zur Freistellung der Beine gelangt. Der allmähliche Fortschritt im Verständnis der Natur zeigt sich in der feineren Belebung und individuelleren Durchbildung des Körpers, in der Bekundung anatomischer Studien, in der Durchbildung der Extremitäten und in der Betonung der Gelenke.

Die Berliner Sammlung besitzt eine Bronzefigur in halber Lebensgröße, den Täufer im Mannesalter darstellend (No. 38), die in Haltung, Gewandung und Durchbildung ein charakteristisches gutes Beispiel von Donatello's Statuen dieser letzgenannten Gruppe ist. In der That läßt sich ihre Entstehung mit Wahrscheinlichkeit in das Jahr 1423 setzen.

699. Stäupung Christi von Donatello.

Donatello war durch die Anhäufung großer Aufträge seit dem Anfange der zwanziger Jahre dazu gezwungen worden, Schüler und Gehülfen zur Mitarbeit heranzuziehen, was ihm, bei steter Belastung mit neuen Arbeiten, zur notwendigen Gewohnheit wurde. Doch wurde er dazu teilweise auch durch die Natur der Aufträge veranlaßt, denn es fehlte ihm die Erfahrung im Gießen und Ciselieren. Hatte er schon zur Ausführung verschiedener Statuen am Campanile den Giovanni Rossi herangezogen, so trat er bald darauf für verschiedene noch umfangreichere Aufgaben mit dem Architekten und Bildhauer Michelozzo in Verbindung; eine Gemeinschaft, welche nahezu durch ein Jahrzehnt hindurch für die meisten Arbeiten des Künstlers bestimmend wurde und seinen architektonischen Sinn wesentlich läutern half. Donatello's Anteil an diesen Monumenten ist sehr wahrscheinlich nicht bedeutend und ihr Einfluß auf die Entwickelung der Kunst des Quattrocento ist ein geringer gewesen. Soweit wir noch ein Urteil darüber haben (das Monument Aragazzi in Montepulciano ist nur noch den einzelnen Teilen nach, nicht in seinem Aufbau bekannt), sind nämlich die drei aus dieser gemeinsamen Arbeit hervorgegangenen Grabdenkmäler in ihrem Aufbau durch lokale Einflüsse bestimmt worden: das Monument Papst Johanns XXIII. im Battistero zu Florenz (um 1424 bis 1427 in Arbeit) durch die Anordnung zwischen zwei der mächtigen Wandsäulen, und das Grabmal des Kardinals Brancacci in S. Angelo a Nilo zu Neapel durch die Anlehnung an den vom Trecento überlieferten Typus der neapolitanischen Grabmonumente (wie das Grabmal Aragazzi im Dome zu Montepulciano um 1427 und 1428 gearbeitet). Donatello mag wenigstens für die Denkmäler in Florenz und Neapel der Entwurf des figürlichen Teils gebühren; an der Ausführung läßt sich nur die großartige von Michelozzo in Bronze gegossene Grabfigur des Papstes, sowie das kleine Relief der Himmelfahrt Mariä an dem Sarkophag des Grabmals in Neapel mit Sicherheit für Donatello in Anspruch nehmen; alles Andere ist hier, wie in dem 1428 bestellten, keineswegs besonders originellen Marmorsarkophag des Giovanni de' Medici in der Sakristei zu S. Lorenzo und bei der Thomasnische an Or San Michele, durch Michelozzo und untergeordnete Gehülfen, wie Portigiani, ausgeführt.

39. Marmorrelief der Madonna von Donatello.

In jenem Himmelfahrtsrelief und gleichzeitig in dem
berühmten Bronzerelief mit dem Tanz der Salome an
Quercia's Taufbrunnen in San Giovanni zu Siena (1427;
ähnliches Relief in Marmor im Museum zu Lille) hatte
Donatello zuerst sein außerordentliches Talent für die
Komposition figurenreicher Darstellungen in Anordnung,
Perspektive, Reliefstil und vor Allem in der dramatischen
Belebung des Motivs zeigen können. Auch sind diese
Arbeiten (namentlich auch die Bronzestatuetten an
demselben Brunnen) wie verschiedene nach ihrer
Verwandtschaft der gleichen Zeit einzureihende Monumente
(das große bemalte Steinrelief der Verkündigung in
Sa. Croce, die Engel mit dem Leichnam Christi und das
kleine Stuckrelief der Madonna mit Heiligen und spielenden
Engeln im S. Kensington Museum) ausgezeichnet durch
ungewöhnlichen Schönheitssinn in den Typen wie in der
Haltung und Gewandung, der sich mit einem hohen Ernste
paart. Das Berliner Museum besitzt verschiedene Arbeiten,
welche die charakteristischen Merkmale dieser Zeit tragen,
vorwiegend Madonnenreliefs. Eigenhändig ist, nach der
meisterhaften Behandlung, das große Marmorrelief der
Madonna aus Casa Pazzi (No. 39), wohl die früheste dieser

Arbeiten. Ein zweites Marmorrelief (No. 42), aus Palazzo Orlandini, zeigt dagegen in der Ausführung die Hand eines Schülers. Dasselbe gilt von einem Thonrelief (No. 43), der Nachbildung eines Schülers nach einer verschollenen, auch in Plaketten (No. 700) erhaltenen Komposition Donatello's aus dieser Zeit. Wichtiger noch ist ein Marmorrelief der Stäupung Christi (39a), das in der Komposition eine Vorahnung des bekannten Fresko von Sebastiano del Piombo ist und in der Behandlung des Nackten schon Michelangelo nahekommt.

42. Marmorrelief der Madonna von einem Schüler Donatello's.

Im Jahre 1432 wurde Donatello aus einer untergeordneten Veranlassung nach Rom gerufen. Der Aufenthalt hier, der sich bis in das folgende Jahr ausdehnte, wurde von bestimmender Bedeutung für seine Entwicklung. Nach diesem (allein beglaubigten) Aufenthalt in Rom läßt sich ein besonders energisches Studium der Antike in seinen Werken verfolgen; freilich äußert sich dasselbe weniger in der Form wie in den Motiven. So ist in dem großen Tabernakel im St. Peter zu Rom, welches er an Ort und Stelle neben einer

Grabplatte in Araceli und einem Relief der Schlüsselübergabe (jetzt im South Kensington Museum) ausführte, das Relief der Beweinung Christi in engem Anschluß an römische Sarkophagdarstellungen komponiert. Nach den antiken Genien bildet er seine Putten um, mit denen er jetzt seine Kompositionen in reicher Fülle belebt. Zeigt sich dies schon an jenem Tabernakel, so kommt die neue Auffassung noch stärker bei der Vollendung der (seit 1428) wieder in Gemeinschaft mit Michelozzo und Portigiani ausgeführten Reliefs mit tanzenden Engeln an der Außenkanzel des Domes in Prato zur Geltung. Vor Allem kommt sie aber zur Geltung in den ähnlichen Motiven an der berühmten Florentiner Domkanzel (1433—1440), in der Bronzefigur des Amor, welche er in unmittelbarem Anschluß und Wetteifer mit der Antike für Cosimo de' Medici modellierte, und in den Steinmedaillons des Mediceerpalastes, die er nach Kameen in Cosimo's Besitz ausführen ließ; sämtlich Arbeiten, die wahrscheinlich in den ersten Jahren nach seiner Rückkehr aus Rom entstanden. Ein charakteristisches Beispiel dafür, wie Donatello in dieser Zeit antike Motive zu ganz eigenen lebensvollen Kompositionen gestaltete, hat das Berliner Museum in einem kleinen Bronzerelief mit spielenden Putten (No. 698) aufzuweisen.

39A. Bemaltes Thonrelief der Madonna von Donatello.

Auf die erste Zeit nach der Rückkehr aus Rom geht wohl auch eine zweite für Cosimo ausgeführte Bronzestatue des David im Bargello zurück, die erste Statue der Renaissance, in der ein nackter jugendlicher Körper mit ähnlicher Frische und in der vornehmen Ruhe, wie in der Blütezeit der griechischen K unst wiedergegeben ist. Durch denselben Gönner erhielt Donatello um diese Zeit auch den Auftrag zur Ausschmückung der Sakristei von San Lorenzo, die sein Freund Brunellesco eben vollendet hatte. Die Büste des hl. Lorenz, vier große Medaillons mit reichen Kompositionen an der Wölbung, die vier Evangelisten in den Zwickeln, zwei Reliefs mit je zwei einzelnen Heiligen, sowie die beiden Bronzethüren sind hier von Donatello's Hand und wurden wohl sämtlich noch vor seiner Abreise nach Padua vollendet.

38A. Bemalte Thonbüste des Johannes von Donatello.

Bei der Herstellung der Modelle für seine Bronzearbeiten, sowie bei den Skizzen für die Werke, welche Gehülfen ausführten, hatte Donatello Freude am Arbeiten in Thon bekommen, das ihm rasch von der Hand ging, seine Gedanken in voller Frische zum Ausdruck brachte und reiche Bemalung, wie er sie liebte, ermöglichte. In der Sakristei von San Lorenzo führte er daher alle Dekorationen der Decken und Wände in Thon aus. Gleichzeitig modellierte er in demselben Material eine Reihe von größeren Madonnenreliefs und Büsten. Die Berliner Sammlung besitzt eines dieser Madonnenreliefs, überlebensgroße Figuren, die durch ihre beinahe tadellos erhaltene prachtvolle Bemalung und Vergoldung ausgezeichnet sind (No. 39A). Auch hat das Museum in der bemalten Thonbüste des jugendlichen Johannes (No. 38A) eine den berühmten Büsten des Uzzano im Bargello und einer unbekannten Frau im South Kensington Museum in Auffassung und Behandlung nahe verwandte Werk aufzuweisen. Das Stuckrelief No. 46 (wohl eine verkleinerte Nachbildung der Zeit) bietet eine andere der besonders groß empfundenen Madonnenkompositionen dieser Epoche des Künstlers, von denen das Louvre und das Kensington Museum gleichfalls einige treffliche Beispiele besitzen.

46. Stuckrelief der Madonna von Donatello.

Alle diese etwa im Anfange der vierziger Jahre entstandenen Arbeiten, denen wohl auch die merkwürdige Bronzegruppe der Judith in der Loggia de' Lanzi zu Florenz zuzuzählen ist, zeigen Donatello auf der Höhe der dramatischen Auffassung, in voller Beherrschung und freier künstlerischer Ausgestaltung jener inneren Erregung, die auch in der Einzelfigur so mächtig und doch so maßvoll sich ausdrückt; sie zeigen ihn zugleich auch in der formalen Durchbildung der Gestalt als vollen Meister, der sein Können mit feiner Mäßigung und vornehmem Geschmack zur Geltung bringt. Die Arbeiten dieser Zeit und die der folgenden Jahre, die ihnen eng verwandt sind, bezeichnen wohl den Höhepunkt der Kunst Donatello's und der ganzen Frührenaissance.

* Reiterstatue des Gattamelata von Donatello in Padua.

Im Jahre 1443 wurde Donatello zu einer Aufgabe berufen, die, wie für ihn selbst, so auch für die Entwickelung der Renaissancekunst überhaupt ein neuer großer Schritt wurde: das bronzene Reiterdenkmal des in Padua verstorbenen venezianischen Condottiere Gattamelata, zu dessen Ausführung der Künstler 1444 nach Padua übersiedelte. Nahezu ein Jahrzehnt verging über dieser Arbeit, in deren Pausen Donatello u. a. den reichen Bronzeschmuck für den Hochaltar des Santo anfertigte: das Krucifix und fünf Statuen, die Evangelistensymbole, vier Reliefs mit Wundern des hl. Antonius und zwölf Tafeln mit musizierenden Engeln, endlich ein großes Grablegungsrelief in Thon. Die Reiterstatue ist nicht nur als das erste Werk dieser Art seit dem Altertum von epochemachender Bedeutung, sondern an sich durch die Lebenswahrheit in Roß und Reiter, durch die Art, wie der Künstler in der ganz individuellen und vornehmen Gestalt des Gattamelata den

Heerführer, den Schlachtenlenker als solchen dargestellt hat, eines der großartigsten Monumente aller Zeiten. Unter den Bronzen des Hochaltars, welche meist durch die Mitarbeit von zum Teil sehr untergeordneten Gehülfen mehr oder weniger stark beeinträchtigt sind, gehören doch einzelne der Statuen, namentlich das Krucifix, sowie die große Grablegung und die vier figurenreichen Reliefs mit den Wundern des hl. Antonius, zu Donatello's besten Leistungen; letztere ganz besonders durch die dramatische Gestaltung der schwierigen Motive, die klare Gruppierung der zahlreichen Figuren, die geschickte perspektivische Anordnung im Raum, die Mannigfaltigkeit der Gestalten und ihre Durchbildung. Durch diese Thätigkeit in Padua hat Donatello nicht nur die Plastik, sondern (durch seinen Einfluß auf Mantegna) auch die Malerei in Norditalien in neue Bahnen gelenkt.

Die Berliner Sammlung besitzt aus dieser Zeit seines Aufenthalts in Padua neben dem kleinen Bronzerelief der Stäupung Christi (No. 699) eine größere Bronzearbeit Donatello's: die durch ihre ungeschminkte Wahrheit überraschende Büste des kunstsinnigen Markgrafen Ludwig III. von Mantua (No. 40), die wahrscheinlich, gleich einer ähnlichen Büste desselben Mannes, im Besitz von M. E. André in Paris, als Vorarbeit für ein Reiterdenkmal dieses Fürsten entstand, als Donatello im Jahre 1450/51 für ihn in Mantua beschäftigt war. Zu der Ausführung eines solchen Denkmals (über das jedoch keine urkundliche Nachrichten erhalten sind) ist es freilich ebenso wenig gekommen, wie zu dem Reitermonument des Borso d'Este, welches dem Künstler gleichzeitig für Modena in Auftrag gegeben war.

* Bronzerelief am Hochaltar im Santo zu Padua von Donatello.

Nach Florenz zurückgekehrt, hat Donatello trotz seines Alters, noch eine Reihe bedeutender Arbeiten geschaffen, wenn er auch deren Ausführung jetzt meist Schülern überlassen mußte. Zunächst ging er (1457) an die Ausführung einer Aufgabe, die ihm schon Jahrzehnte früher gestellt worden war: die Bronzestatue des Täufers für die Taufkapelle des Domes von Siena, wohl die großartigste, wenn auch die herbste unter den zahlreichen Gestalten dieses Heiligen, welche wir seiner Hand verdanken. Etwa gleichzeitig entstand die verwandte Holzstatue des hl. Hieronymus in der Pinakothek zu Faenza. Die köstliche Thonskizze eines Altars mit der Stäupung und der Kreuzigung Christi im Kensington Museum und eine kleine verwandte Skizze der Kreuzigung, die nur durch eine schadhafte Stucknachbildung in unserem Museum (No. 41) erhalten ist, erscheinen wie Vorarbeiten zu der letzten großen That seines Lebens, zu den beiden Bronzekanzeln, welche Donatello für Cosimo in San Lorenzo ausführte. Von der Hand seiner Schüler Bertoldo und Bellano in wenig glücklicher Weise vollendet und ciseliert, ungeschickt und mit rohen Einsätzen erst in später Zeit zusammengestellt, sind doch die meisten dieser Kompositionen aus der Passion Christi ausgezeichnet, sowohl durch die malerische Wiedergabe der sehr figurreichen Scenen, wie durch die dramatische Schilderung tief erregter Leidenschaften, mit

denen die heiteren Motive aus dem Kinderleben im Fries in
glücklichster Weise kontrastieren. Freilich verraten die
unruhige Gewandung, die eckigen Falten, die wie
geknittertes Papier erscheinen, und die flache
Reliefbehandlung (das »gebackene« Relief) die bis zur Manier
gesteigerte Gewohnheit, im Thon mit dem Modellierholz zu
arbeiten.

40. Bronzebüste des Lodovico III. Gonzaga von Donatello.

Als Donatello 1466 im Alter von 80 Jahren starb, hatte er die
Plastik Italiens völlig neu gestaltet und indirekt auch auf die
Entwickelung der Malerei Einfluß geübt. Der unbestechliche
Ernst seines Naturstudiums, seine treffende, ehrliche
Charakteristik, sein Talent der dramatischen Schilderung,
seine Art der plastischen Behandlung hatten auf die meisten
Altersgenossen, hatten zumal auf alle jüngeren Künstler
bestimmend eingewirkt. Daß sie ihm fast alle in ihrer Weise
folgten, daß Jeder Neues und Großes schuf, ist nicht der
geringste Triumph der Kunstrichtung des Donatello.

49. Madonnenrelief von Donatello.

Unter Donatello's Nachfolgern sind seine Mitarbeiter meist von geringerer Begabung; sie ahmen ihr Vorbild nur zu oft in den Äußerlichkeiten nach, die sie zur Karikatur übertreiben. Dies gilt namentlich von einigen uns dem Namen nach noch nicht bekannten Bildhauern, die anscheinend in den dreißiger und vierziger Jahren zu Donatello in Beziehung standen, und die uns bisher namentlich durch eine Reihe von Madonnenreliefs bekannt sind. Der älteste unter diesen Künstlern, der regelmäßig in Marmor arbeitete (wie gleichzeitig sein Lehrer), ist besonders stark karikierend und auffallend ungeschickt in den Verhältnissen seiner Figuren, die abschreckend häßliche Typen zeigen. Das große Madonnenrelief in der Mediceerkapelle von S. Croce bietet ein besonders charakteristisches Werk, dem andere Madonnen im Kensington Museum und in unserer Sammlung (No. 44, sowie das Stuckrelief No. 45, dessen Marmor-Original bei M. E. André zu Paris) eng verwandt sind. Vielleicht ist auch das große Madonnenrelief über einem Seitenportal des Domes in Siena von seiner Hand. Interesse bietet dieser Künstler nur dadurch, daß fast alle seine Arbeiten mehr oder weniger treue Nachbildungen von Kompositionen Donatello's zu sein scheinen, die uns meist nicht mehr erhalten sind. Wahrscheinlich ist dieser Unbekannte der Gehülfe, der Donatello's mythologische Kompositionen im Hof des Pal. Medici in Marmor ausführte. Ein jüngerer und begabterer Nachfolger verwandter Richtung, dessen Madonnenreliefs charakteristischerweise in Thon ausgeführt sind, ist der Künstler, der die Madonna in einem Tabernakel in Via Pietra Piana zu Florenz modellierte. Von seiner Hand ist in der Berliner Sammlung vielleicht das Thonrelief der Madonna mit dem stehenden Kinde (No. 50); verwandt ist auch das kleinere Madonnenrelief (No. 54) und namentlich die bedeutendere Anbetung des Kindes (No. 47).

60A. Madonnenrelief von einem Nachfolger Donatello's.

Selbständiger als diese sind die früheren Mitarbeiter Donatello's; zunächst der seit 1421 an den Statuen des Campanile neben und mit Donatello zusammen thätige G i o v a n n i d i B a r t o l o, gen. R o s s o (gest. nach 1451). Während der Künstler sich in diesen Statuen unmittelbar an gleichzeitige Arbeiten Donatello's anlehnt, ist er in seinem Grabmal Brenzoni in Verona eigenartiger, aber in der Formgebung noch stärker vom Trecento beeinflußt.

59. Stuckrelief der Madonna mit Engeln von Ag. di Duccio.

M i c h e l o z z o   M i c h e l o z z i (1391—1472), in
erster Linie Architekt, aber wegen seiner hohen technischen
Begabung von den florentiner Bildhauern namentlich zur
Ausführung ihrer Erzgüsse herangezogen, hat mit
Donatello gleichfalls seit dem Anfange der zwanziger Jahre
bis zu seiner langjährigen Entfernung von Florenz
zusammen gearbeitet. Die drei großen Marmorgrabmäler
(vgl. S. 59) sind im Wesentlichen von seiner Hand
ausgeführt, wohl auch in ihrem Aufbau von ihm
entworfen. Aus dem Vergleich mit den reichen Bildwerken
an diesen Monumenten lassen sich dem Michelozzo auch
vereinzelte kleinere Bildwerke zuweisen, wie die Statue des
Täufers in einem Hofe der Annunziata (der beglaubigten
Statuette am Silberaltar in der Opera del Duomo ganz
entsprechend) und verschiedene Madonnenreliefs, von
denen sich das schönste, in Thon modelliert und mit
tadellos erhaltener wirkungsvoller Bemalung, in der
Berliner Sammlung befindet (No. 58). Auch ein bemaltes
Stuckrelief im Rund (No. 58A) giebt wohl eine ältere

Komposition des Michelozzo wieder. In reicheren, bewegten Kompositionen völlig ungenügend, ist der Künstler in seinen Einzelgestalten, den Freifiguren wie Reliefs, von einer den Architekten verratenden vornehmen Ruhe, von großem Wurf der Gewänder, von ernster, gelegentlich selbst großer Auffassung, Freilich meist ohne volle Belebung; daher erscheint er leicht nüchtern und einförmig. Charakteristisch ist für den Künstler das starke Halbrelief.

Der Gehülfe Michelozzo's in jenen mit Donatello gemeinsam übernommenen Monumenten, P a g n o   d i   L a p o P o r t i g i a n i   (1406—1470) ist ein ebenso handwerksmäßiger Bildhauer, wie ein anderer Gehülfe Donatello's, der den Marmoraltar in der Sakristei von San Lorenzo ausführte. Auch B u g g i a n o (Andrea di Lazzaro Cavalcanti, 1412—1462), der Schüler und Adoptivsohn Brunellesco's, ist in seinen Marmorarbeiten, namentlich in den beiden Sakristeibrunnen im Dom, ein derber Nachfolger Donatello's. Ein etwas jüngerer Künstler, A g o s t i n o   d i   D u c c i o (1418 bis nach 1481), hat durch sein unstätes Leben in der Verbannung früh die Kunstweise seines Meisters außerhalb Toscana's verbreitet. In Modena, in Rimini (der reiche Innenschmuck von San Francesco), in Perugia hat er eine sehr umfangreiche bildnerische Thätigkeit entfaltet. Ohne Sinn für feinere naturalistische Durchbildung, in der Ausführung regelmäßig flüchtig, in seinen überschlanken Gestalten mit den zahlreichen langen und zierlichen Falten der Gewänder oft geradezu maniert, besitzt der Künstler doch einen eigentümlichen Reiz durch die reiche phantastische Erfindung, die lebendige und zuweilen selbst packende Auffassungsweise, den pikanten Wechsel zwischen kräftigem Hochrelief und malerischem Flachrelief. Das in letzterer Weise behandelte Stuckrelief im Berliner Museum: die Madonna mit dem Kinde, welches Engel bedienen

(No. 59), ist ein ebenso charakteristisches wie anziehendes
Beispiel der Kunst des Agostino; es ist nahe verwandt einem
Marmorrelief mit dem gleichen Motiv im Museo dell' Opera
zu Florenz und einem zweiten Madonnenrelief in einer
Kirche in Frankreich.

106B. Thonstatuette der Madonna von einem Donatello-
Nachfolger.

Ein dem Namen nach bisher unbekannter Nachfolger
Donatello's, der selbständigste und weitaus bedeutendste
unter ihnen, ist dadurch von besonderem Interesse, daß er
in seiner genrehaften Darstellung des Kindes bis zur
Ausführung wirklicher Genregruppen geht: meist streitende
Kinder von derben häßlichen Formen (No. 106D). In seinen
Madonnenstatuetten ist das Christkind ebenso bäurisch in
Form und Benehmen, die Mutter dagegen auffallend lieblich
(No. 106B) oder selbst großartig in Bewegung wie in
Ausdruck und Gewandung (No. 106E). Größere Werke
dieses originellen Künstlers haben sich bisher nicht
nachweisen lassen.

106E. Bemalte Thonstatuette der Madonna von einem
Nachfolger Donatello's

Donatello's derber Naturalismus würde vielleicht, wie wir
an den meisten der genannten Schüler und Nachfolger
sehen, die Entwickelung der florentiner Plastik in eine allzu
naturalistische, über dem Streben nach Originalität und
Wahrheit die Rücksicht auf Schönheit und Maß vergessende
Richtung gedrängt haben, wenn nicht ein jüngerer Künstler
in seiner außerordentlich langen und fruchtbaren Laufbahn
gerade diese Eigenschaften in seinen Bildwerken mit
besonderem Glück und Energie gepflegt hätte. L u c a
d e l l a   R o b b i a (1399—1482), der — soviel wir
wissen — nur in seinem Neffen Andrea einen Schüler groß
zog, hat gerade durch jene Eigenschaften auf die
Weiterentwickelung der Florentiner Plastik, insbesondere

auf die jüngeren, von Donatello abhängigen Künstler einen günstigen Einfluß geübt. Berühmt und schon in seiner Zeit außerordentlich populär durch die Erfindung, bemalte Thonbildwerke mit einer wetterbeständigen Glasur zu überziehen, ist er ebenso geschickt und ebenso häufig in Marmor- wie in Bronzearbeiten beschäftigt gewesen. Die berühmten Reliefs mit den singenden und spielenden Kindern an der zweiten Sängertribüne des Domes, welche zwischen 1431 und 1440 entstanden, die im Jahre 1437 bestellten Reliefs an der Rückseite des Campanile, ein Paar gleichzeitige (unfertig gebliebene) Reliefs für einen Altar des Domes (jetzt im Bargello), sowie, in ihren wesentlichen Teilen, das Tabernakel in Peretola (1442) und das Grabmal des Bischofs Federighi in S. Francesco di Paola (bestellt 1456) sind Arbeiten des Luca in Marmor; und in den Thüren der Domsakristei, welche ihm 1446 in Auftrag gegeben wurden (erst 1467 vollendet), besitzen wir eine der trefflichsten Bronzearbeiten des Quattrocento. Von den fast zahllosen glasierten Thonbildwerken, die dem Luca in und außerhalb Italiens zugeschrieben werden, sind die berühmten Thürlünetten über den Sakristeien des Domes in Florenz (1443 und 1446), die Engel mit den Kandelabern ebenda (1448), die Portallünette in San Domenico zu Urbino (um 1450) urkundlich beglaubigte Arbeiten Luca's; auch die Reliefs in der Pazzi-Kapelle bei Sa. Croce und in der Kapelle des Kardinals von Portugal in San Miniato lassen sich, nach der Zeit ihrer Entstehung, nur Luca zuschreiben. Die künstlerische Eigenart, die in allen diesen Arbeiten scharf ausgesprochen ist, läßt durch den übereinstimmenden Charakter außerdem noch eine beträchtliche Zahl von glasierten wie unglasierten Thonbildwerken und Stuckreliefs in Florenz wie in den Sammlungen außerhalb Italiens als Werke Luca's erkennen.

114. Stuckrelief der Madonna mit Heiligen von Luca della Robbia.

In allen diesen Arbeiten steht Luca zwischen seinen älteren Zeitgenossen Ghiberti und Donatello etwa in der Mitte: mit Ghiberti hat er den Geschmack in der Anordnung, den hohen Schönheitssinn, den leichten Fluß der vollen Gewandung gemeinsam; dem Donatello steht er im Ernst der Naturbeobachtung, in der frischen und lebensvollen Charakteristik nahe, welche er nicht am wenigsten dessen Vorbilde verdankt. Das feine Maßhalten im Relief (in der Regel ein Halbrelief), die Schönheit seiner Gestalten und der vornehme Ernst in Ausdruck und Haltung bringen den Künstler der klassischen griechischen Kunst ganz nahe. Aber diese Verwandtschaft beruht keineswegs auf einem intimen Studium oder gar auf Nachahmung der Antike, der Luca unter seinen Zeitgenossen besonders fern gestanden zu haben scheint: sie ist vielmehr der Ausfluß einer verwandten künstlerischen Anschauungsweise und verbindet sich bei ihm mit einem völlig eigenartigen und frischen Naturalismus. Seine Kompositionen, seine einzelnen Gestalten erscheinen daher, so wenig Abwechselung ihm

111

auch die meisten Aufgaben boten, stets neu und lebenswahr.

116A. Glasiertes Thonrelief der Madonna von Luca della
Robbia.

Den besten Beweis dafür bieten die Arbeiten des Künstlers in
der Berliner Sammlung; verschiedene Originalarbeiten in
glasiertem oder unglasiertem Thon, sowie eine größere Zahl
von Stucknachbildungen, die als Wiederholungen von
verlorenen oder verschollenen Originalen einen besonderen
Wert haben. Die Mehrzahl dieser Bildwerke zeigt ein und
dasselbe Motiv: Maria mit dem Kinde, allein oder inmitten
andächtiger Engel oder verehrender Heiliger. Während die
größeren Madonnenreliefs, namentlich die meisten Lünetten
Luca's, als Andachtsbilder gedacht sind und daher Maria
ernst und hehr als Gottesmutter und das Kind als das seiner
Mission bewußte Christkind aufgefaßt ist, kommt in diesen
Mariendarstellungen der Berliner Sammlung die rein
menschliche Auffassung zur Geltung. Das Verhältnis von
Mutter und Kind ist in den mannigfachsten, köstlichsten
Situationen der Natur abgelauscht, und mit einer Frische
und Lebendigkeit, mit einer Innigkeit und einem
Schönheitssinn, gelegentlich auch mit einem Anflug von

112

Humor zur Darstellung gebracht, wie kein zweiter Künstler dasselbe wiedergegeben hat. Selbst Raphaels gefeierte Madonnen zeigen daneben kaum Ein neues Motiv und stehen in Frische und Naivetät entschieden hinter Luca's Kompositionen zurück.

116L. Bemaltes Thonrelief der Madonna von Luca della Robbia.

Auffassung und Behandlung der frühesten dieser Reliefs, die noch den zwanziger Jahren angehören, zeigen eine so auffallende Verwandtschaft mit einzelnen Madonnenreliefs der frühen florentiner Thonbildner (vergl. S. 53), daß wir daraus wohl auf eine engere Beziehung Luca's zu diesen Künstlern schließen müssen; mutmaßlich war er der Schüler eines dieser Meister. Um 1430, als Luca seine Reliefs der Orgelballustrade begann, stand er bereits unter dem entschiedenen Einflusse Donatello's, mit welchem er damals schon in die Schranken treten durfte; zwei der Berliner Madonnenreliefs (No. 50A und 117) verraten in dem ernsten Ausdrucke der Maria und in der Art, wie ihr Kopf ins Profil gestellt ist, das Vorbild Donatello's ebenso sehr, wie in dem derben Typus und in dem ausgelassenen Gebahren des Kindes. Ähnlich auch das Relief No. 116. In verschiedenen anderen Reliefs sehen wir Mutter und Kind in zärtlicher Liebe an einander geschmiegt (No. 115) oder die Mutter bemüht, durch scherzhaftes Spiel ihrem Liebling ein Lächeln abzugewinnen, wie in No. 113 und 114. Hier wie in der Maria, welche das Kind stillt (No. 116), ist die Komposition vergrößert durch Engel und Heilige, welche verehrend, spielend und bedienend zu den Seiten der Maria stehen. Diese Darstellungen sind ganz besonders geeignet, den Geschmack und das Geschick des Künstlers im Aufbau und in der Anordnung, die Wahrheit und Mannigfaltigkeit in der Charakteristik, die Feinheit der Empfindung, namentlich in den Beziehungen der Figuren zu einander kennen zu lehren. Ähnliche Vorzüge zeichnen auch eine abweichende Darstellung aus: den Leichnam Christi, der von klagenden Engeln unterstützt wird (No. 157). Nach der Verwandtschaft der jugendlichen Engelsgestalten ist dies Relief wohl gleichzeitig mit den Marmorreliefs der Sängertribüne entstanden. Auch die bemalte Thonfigur einer knieenden Maria (No. 112C), offenbar von einer Gruppe der Verkündigung, ist ein edles Werk aus Luca's mittlerer Zeit.

113. Unbemaltes Thonrelief der Madonna mit Engeln von Luca della Robbia.

Luca della Robbia verdankte seine Popularität schon zu seiner Zeit den glänzenden und einschmeichelnden glasierten Thonarbeiten, die zugleich durch ihre Billigkeit und die Schnelligkeit der Herstellung die weiteste Verbreitung fanden. Es ist daher begreiflich, daß sein Schüler und Neffe, A n d r e a d e l l a R o b b i a (1437—1528), welcher bis zum Tode Luca's sein Gehülfe war und der allein das Geheimnis der Glasierung kannte, seine Thätigkeit so gut wie ausschließlich auf diese Thonbildwerke beschränkte, für welche ihn obenein sein schlichteres Talent und seine Empfindungsweise besonders befähigten. Die Arbeiten dieser Art, welche er während seines langen Lebens, in jungen Jahren mit dem Onkel zusammen, in hohem Alter unter Beihülfe verschiedener Söhne ausführte, bezeichnet schon Vasari als »zahllose«. In allen diesen, meist als Altäre oder Tabernakel, über Florenz und ganz Toscana zerstreuten Arbeiten bewundern wir einen Künstler, der in seinem Schönheitssinn, seinem Geschmack der Anordnung und Färbung, in der Zartheit der Empfindung und der Feinheit der Durchbildung sich als der treue und glückliche Schüler seines Oheims Luca bewährt. Seine Arbeiten, die jene Eigenschaften ganz besonders beliebt machen, werden regelmäßig als Werke des Luca ausgegeben. Aber der bestechende Liebreiz seiner Köpfe und seiner Gestalten ist ein mehr äußerlicher; wo es gilt, Charaktere zu zeichnen oder lebendige Scenen zu schildern, reicht sein Talent nicht aus. Er sucht sich daher möglichst auf einfache Darstellungen ruhiger Existenz zu beschränken, auf den Ausdruck stiller Andacht und heiterer Freude, wozu ihm seine Madonnen, einzeln oder umgeben von andächtigen Heiligen, seine Anbetungen des Kindes, seine Putten- und Kinderdarstellungen und ähnliche Motive die reichste und schönste Gelegenheit bieten.

116. Stuckrelief der Madonna mit Engeln von Luca della
Robbia.

Andrea's Mangel an origineller Gestaltungskraft, die seinen
Figuren bei aller bestrickenden Lieblichkeit eine gewisse
Einförmigkeit und Schwächlichkeit aufprägt, hat auch in
seiner langen Thätigkeit nur eine verhältnismäßig geringe
künstlerische Wandlung hervorgerufen. Jahrzehnte lang der
Gehülfe seines Onkels Luca, dessen spätere Aufträge wohl
im Wesentlichen schon von seiner Hand ausgeführt
wurden, ist er in seinen frühesten eigenen Arbeiten: in den
köstlichen Wickelkindern an der Halle der Innocenti, in der
Begegnung Mariä in San Domenico zu Pistoja, in der
Begegnung der Heiligen Franz und Dominicus unter der
Halle auf Piazza Sa. Maria Novella, in den Altären von La
Vernia u. s. f. (meist Ende der sechziger oder in den
siebenziger Jahren entstanden) von einer seinem Lehrer
nahekommenden Schönheit der Gestalten, Feinheit der
Durchbildung und Vornehmheit der Erscheinung. Ein
treffliches Werk dieser Zeit ist der Hochaltar der Berliner
Sammlung (No. 118), welcher Maria zwischen zwei Heiligen
zeigt. Gleichfalls in die frühere Zeit gehört wohl die kleine

116

Verkündigung (No. 119A), welche durch die reichen Farben
unter Andrea's Werken fast einzig dasteht. In seiner
mittleren Zeit erscheint der Künstler, anscheinend unter
Verrocchio's Einfluß, kräftiger in seinen Gestalten, reicher
und unruhiger in der Gewandung; so in der schönen
Verkündigung in den Innocenti. Aus dieser Zeit sind in der
Berliner Sammlung u. A. die Lünette mit der Madonna
zwischen anbetenden Engeln (No. 119) und »der Knabe als
Brunnenfigur« (No. 121). Mehrere andere glasierte
Thonbildwerke sind Werkstattarbeiten des Andrea.

* Andrea della Robbia. Begegnung der Maria mit Elisabeth
in S. Domenico zu Pistoja.

Wie bei den späteren Aufträgen an Luca della Robbia die
Ausführung durch seinen Neffen Andrea wahrscheinlich
ist, so läßt sich das gleiche Verhältnis zwischen Andrea und
seinen Söhnen für die Bestellungen annehmen, welche
dieser Künstler in den letzten Jahrzehnten seines langen
Lebens erhielt. Unter diesen Söhnen des Andrea ist

Giovanni della Robbia (geb. 1469, gest. angeblich 1529) diejenige Persönlichkeit, welche die Kunst der della Robbia in der dritten Generation bestimmt. Seine eigenen Arbeiten und die seiner Werkstatt sind fast noch in größerer Zahl, wie die seines Vaters, über ganz Mittelitalien verbreitet. In seinen Jugendarbeiten, wie in dem köstlichen Sakristeibrunnen von Sa. Maria Novella (1497), erscheint der Künstler unter dem Einflüsse seines Vaters diesem noch ganz nahe verwandt und beinahe ebenbürtig; später werden seine Arbeiten nicht nur technisch immer geringer: bunt in den Farben oder nüchtern farblos, ungleichmäßig und flüchtig in der Glasur (die Fleischteile daher meist überhaupt nur bemalt) und schwerfällig und selbst roh in den Einrahmungen durch Fruchtkränze. Auch die Nüchternheit der Erfindung, die ausdruckslose Regelmäßigkeit der Köpfe, die schwerfällige Bildung der Falten fallen darin ebenso störend auf wie der Mangel an Individualität und Naturstudium in der Durchbildung. Ein charakteristisches Beispiel dafür ist das große Rund mit der Madonna zwischen den Heiligen Johannes dem Täufer und Hieronymus (No. 129), das in seiner Farblosigkeit ebenso nüchtern wirkt, wie der hl. Antonius (No. 135) durch die Buntheit seiner Farben unruhig und schwerfällig erscheint. Besonders bezeichnend für das Bestreben des Künstlers, nach den Lehren seines Freundes Savonarola die Kunst zu einem reinen Andachtsmittel zu gestalten und daher an die Stelle der von der Andacht abziehenden naturalistischen Durchbildung und der einfach menschlichen Empfindung das Typische und Allgemeine zu setzen, ist die große Gruppe der Beweinung Christi (No. 128A), ein frühes Hauptwerk dieser Art von Giovanni's eigener Hand. —

Giovanni della Robbia ist bereits ein Künstler der beginnenden Hochrenaissance, der hier vorweg besprochen ist, weil er durch die Technik und den inneren

Zusammenhang mit den älteren Gliedern seiner Familie von diesen nicht getrennt werden kann. Wir kehren zu Donatello's Nachfolgern und jüngeren Zeitgenossen zurück.

118. Glasierter Thonaltar von Andrea della Robbia.

Als Schüler Donatello's gilt seit Vasari D e s i d e r i o d a   S e t t i g n a n o (1428—1464). Obgleich jung verstorben, hat der Künstler doch auf die Entwickelung der florentiner Plastik einen nachhaltigen Einfluß ausgeübt. In der Natürlichkeit und Lebendigkeit der Auffassung, in dem Momentanen der Darstellung dem Donatello nahe kommend, in der malerischen Behandlung des Reliefs ihm gewachsen, hat er vor seinem großen Meister einen besonders feinen Sinn für architektonischen Aufbau und Dekoration wie die Freude an der Durchführung seiner Arbeiten voraus. Daß dieselben fast alle in Marmor ausgeführt sind, ist kein Zufall: war er doch recht eigentlich für die Behandlung des Marmors begabt und hat denselben für die zweite Hälfte des Quattrocento zu dem bevorzugten Material für plastische Kunstwerke gemacht. Der schalkhafte Ausdruck seiner Kinder, der frische, fast übermütige Sinn seiner Jugend und ein echt weiblicher Zug von Schönheit verbinden sich mit einer Leichtigkeit der Erfindung, einer

Fröhlichkeit des Schaffens, einer Meisterschaft der naturalistischen Durchbildung und einer malerischen Weichheit der Behandlung in allen seinen Werken zu einem stets bezaubernden, stets überraschenden Gesamteindruck.

* Grabmal Marzuppini von Desiderio in Sa. Croce zu
Florenz.

Die beiden Hauptwerke Desiderio's, das Grabmal des Staatssekretärs Marzuppini († 1455) in Sa. Croce und das große Marmortabernakel in San Lorenzo, gehören wohl beide der gleichen späteren Zeit des Künstlers an. Aus dieser Zeit stammen auch verschiedene Madonnenreliefs in

Marmor, für welche eine ähnliche malerische Behandlung in ganz flachem Relief charakteristisch ist: zwei davon im Privatbesitz in Paris, ein drittes (als Tabernakel) in der Via Cavour zu Florenz, ein viertes in der Galerie zu Turin. Letzteres kommt besonders häufig in farbigen Stucknachbildungen vor; die feinste derselben besitzt die Berliner Sammlung (No. 62B). Als Arbeiten der früheren Zeit des Künstlers lassen sich vielleicht das beinahe noch herbe Madonnenrelief unter Donatello's Namen in der Via dei Martelli und der ähnlich behandelte köstliche Kamin aus Sandstein mit den Reliefporträts eines jungen Ehepaares im South Kensington Museum ansprechen. Die herrlichen dekorativen Arbeiten in der Badia unter Fiesole, die Kanzel im Refektorium und eine Thür in der Kirche, wurden offenbar nach seinen Entwürfen von Schülern ausgeführt.

62B. Bemaltes Stuckrelief der Madonna von Desiderio.

Die Feinheit der Beobachtung, der Geschmack in der Anordnung und die Vollendung in der Durchführung sind

121

Eigenschaften Desiderio's, die ihm ganz besonders zum Porträtbildhauer befähigten, namentlich für die Wiedergabe von Kindern und jungen Frauen. Nur eine solche Arbeit ist uns gesichert und auch diese nur auf die Autorität Vasari's hin: die Büste der Marietta Strozzi im Palazzo Strozzi zu Florenz; aber nach dieser wie nach dem Charakter der Gestalten Desiderio's in seinen Monumenten lassen sich dem Künstler noch verschiedene ähnliche Frauenbildnisse und Büsten von Knaben und Jünglingen mit großer Wahrscheinlichkeit zuweisen. Die Mehrzahl dieser Frauenbüsten ist jetzt in der Berliner Sammlung vereinigt. Eine derselben ist eine Marmorbüste der jungen Marietta Strozzi (No. 62), der verstümmelten Büste im Palazzo Strozzi sehr ähnlich; in der schlanken Bildung, der kecken Haltung, dem offenen Blick und dem schelmischen Zug um den leicht geöffneten Mund erscheint sie wie ein Geschwisterkind der Jünglingsgestalten am Grabmal Murzuppini und am Tabernakel in San Lorenzo. Eine jetzt farblose, teilweise modellierte Stuckbüste (No. 62C) ist dieser Marmorbüste aufs engste verwandt und stellt vielleicht dieselbe junge Florentinerin in etwas vorgeschrittenem Alter dar. Eine zweite ähnliche Stuckbüste (No. 62E), deren feine alte Bemalung noch erhalten ist, stellt nach ihrer Herkunft wahrscheinlich eine der vielen Töchter des Herzogs Federigo von Urbino dar. Eine andere Tochter dieses Fürsten vermuten wir in der aus der Urbiner Erbschaft stammenden, in Kalkstein ausgeführten Mädchenbüste (No. 62A) von sehr verschiedenem Typus; in der treuen Wiedergabe der Individualität und in der feinen naturalistischen Durchbildung ein unübertroffenes Meisterwerk.

62. Marmorbüste der Marietta Strozzi von Desiderio.

Von den verschiedenen Kinderbüsten, welche sich nach dem Vergleich mit den beglaubigten Arbeiten auf Desiderio zurückführen lassen, ist keine in der Berliner Sammlung vertreten; die Marmorbüste eines älteren Knaben im Museo Nazionale zu Florenz und der lachende Knabe bei Herrn Benda in Wien sind die Hauptwerke dieser Art; letztere als Jugendarbeit noch ganz unter Donatello's Einfluß, welchem sie daher auch zugeschrieben wird.

62A. Büste einer Urbiner Prinzessin von Desiderio.

Dem Desiderio steht der gleichaltrige Antonio Rossellino besonders nahe. Bei der frühzeitigen und von vornherein ganz eigenartigen Entwickelung Desiderio's dürfen wir die Verwandtschaft des Antonio wohl mit Bestimmtheit auf den Einfluß des Ersteren zurückführen. Seine Schule hat Antonio aber wohl unter seinem älteren Bruder, dem berühmten Baumeister und Bildhauer B e r n a r d o R o s s e l l i n o (eigentlich Bernardo di Matteo Gamberelli gen. Rosselino, 1409—1464) durchgemacht, mit dessen späteren Arbeiten Antonio's Jugendwerke die nächste Verwandtschaft zeigen. Der eigenartige, schaffensfreudige und energische Charakter in Bernardo's Bauten wohnt auch seinen Bildwerken inne. In der Durchbildung der menschlichen Gestalt teilweise noch befangen, hat er durch den großen architektonischen Aufbau seiner plastischen Monumente die florentiner Skulptur des Quattrocento in vorteilhaftester Weise bestimmt; ihm verdankt dieselbe wohl in erster Reihe die feine Empfindung für die architektonischen Verhältnisse, welche sich in fast allen Denkmälern aus der zweiten Hälfte des XV. Jahrhunderts bekundet. Bernardo's großes Marmorgrabmal des Leon Bruni († 1444) in Sa. Croce ist das erste und zugleich das vornehmste Nischengrab in Florenz, das Vorbild für alle anderen. Der figürliche Schmuck, dessen Verteilung zu der Wirkung des großartigen Aufbaues wesentlich beiträgt, ist im Allgemeinen noch etwas schwerfällig und in der Bewegung nicht immer frei; dagegen ist die Figur des Toten so edel gedacht und so schön angeordnet, wie wohl an keinem zweiten italienischen Grabmonument. In dem Grabmal Lazzari in S. Domenico zu Pistoja, über dessen Ausführung der Künstler hinstarb, hat er den von ihm verlangten Typus des Bologneser Professorengrabes mit dem Auditorium als Mittelpunkt in freie künstlerische Form gebracht, während er in dem Monument der Beata Villana in Sa. Maria Novella ein einfaches gotisches Motiv sich aneignete: Engel ziehen den baldachinartigen Vorhang vor der im Todesschlafe ruhenden Gestalt des jungen Heiligen zurück. Auch das Marmortabernakel in der Kirche des Hospitals von Sa. Maria Nuova (um 1450) hat in seinem architektonischen Aufbau wie in der Gliederung ähnliche Vorzüge.

141. Bemalte Stuckbüste des Gio. Rucellai von einem unbekannten Florentiner um 1460.

Die figürlichen Darstellungen an diesen Monumenten wie seine rein figürlichen Bildwerke; die große Lünette und die beiden Heiligenfiguren an der Fassade der Misericordia zu Arezzo (von 1434 u. 1435) und die Gruppe der Verkündigung in S. Francesco zu Empoli (vom Jahre 1447) haben noch etwas Schwerfälliges in Form und Bewegung und eine gewisse stumme Befangenheit im Ausdruck. Damit verbinden sie aber einen wirkungsvollen Ernst, eine wie mühsam verhaltene Empfindung und inbrünstige Begeisterung, weiche, wenn auch etwas motivlose Faltenbildung in den vollen Gewändern und feine naturalistische Behandlung des Fleisches, namentlich in den schönen Köpfen. Die einzige Arbeit in der Berliner Sammlung, die sich mit einiger Wahrscheinlichkeit auf diesen Künstler zurückführen läßt, ist ein Stuckrelief, Maria, das Kind anbetend (No. 73A), das in den Typen und in der weichen unbestimmten Behandlung der Gewandfalten die Merkmale Bernardo's aufweist; doch ist die Komposition offenbar abhängig von der auf Donatello's Schule zurückgehenden Anbetung des Kindes (No. 47).

65A. Marmorrelief der Madonna von Ant. Rossellino.

Bernardo's jüngster Bruder A n t o n i o R o s s e l l i n o (1427 bis 1478), an seinem letzten Denkmal, dem Grabmal Lazzari in Pistoja, urkundlich sein Mitarbeiter, erscheint auch nach dem Charakter seiner Bildwerke, namentlich der Jugendarbeiten, als ein Schüler seines Bruders. Er sucht zuerst außerhalb Florenz seine Sporen zu verdienen: 1457 arbeitet Antonio am Sebastianaltar in Empoli und im folgenden Jahre vollendet er den Marmorschrein des Beato Marcolini, jetzt im Museum zu Forlì. In beiden Arbeiten ist er schon voller Meister und seinem Bruder überlegen durch freiere Bewegung und feineres Naturverständnis, das sich namentlich in der weichen, geschmackvollen Behandlung der Gewandung und in der meisterhaften Wiedergabe des Fleisches bekundet. Die Statue des Sebastian in Empoli ist eine der schönsten Freifiguren der Frührenaissance.

Solche Arbeiten mußten dem Künstler auch in der Heimat, wo sie sehr wahrscheinlich ausgeführt wurden, rasch Ansehen verschaffen und Aufträge zuführen. Im Jahre 1461 wurde ihm in der That ein solcher in großartiger Form zu Teil: der Bau der Grabkapelle für den 1459 jung verstorbenen Kardinal von Portugal mit seinem Grabmal in San Miniato al Monte. Antonio hat diese Aufgabe in einer Weise gelöst, daß die Kapelle, obgleich seines Altarbildes von Piero Pallajuolo beraubt, noch heute mit Recht als ein Schmuckkästchen Florentiner Quattrocentokunst berühmt ist, und das Grabmal, wenn nicht als das großartigste, so doch als das reizvollste Grabmonument der Renaissance gelten darf. Erscheint schon in der Gestalt des auf dem Paradebett ausgestreckten Verstorbenen der Tod nur als ein sanfter Schlaf, als ein Ausruhen zu neuem Leben, so ist die überirdische Freude des zukünftigen Lebens auf köstliche Weise in der Schar der Engel zum Ausdruck gebracht, von denen die einen die Madonna mit dem Christkind in der Mandorla zu dem Verstorbenen herabtragen, die anderen mit der Krone zu seiner Seite knien. Beide Motive: Tod und Leben, kommen in sinniger, wirkungsvoller Weise auch im architektonischen Aufbau und in der Dekoration zur Geltung.

Dieser Arbeit, welche den Meister wohl eine Reihe von Jahren fast ausschließlich beschäftigte, folgten verschiedene größere und kleinere Madonnenreliefs in Marmor, wie die große Madonna del latte in Sa. Croce, das durch seine reiche Umrahmung ausgezeichnete Relief in Solarolo, ein kleineres Relief im Museum zu Wien und ein zweites im Bargello,

endlich das Rundrelief der Anbetung ebenda und eine
Umarbeitung dieser Komposition zu einem reich
gegliederten, höchst sauber durchgearbeiteten Altar in der
Kirche Montoliveto zu Neapel. Für seine Meisterschaft und
seinen Geschmack in der Wiedergabe der vollen
Individualität geben zwei gleichzeitig (1468) entstandene
Marmorbüsten älterer Männer im Bargello und im South
Kensington Museum das glänzendste Zeugnis. Sein
besonderes Talent für die Darstellung des Kindes bekunden
eine Anzahl Kinderbüsten in der Chiesa de' Vanchettoni zu
Florenz, im Bargello, im Pal. Martelli, im Medaillenkabinet,
bei G. Dreyfuß zu Paris und in der Sammlung Hainauer in
Berlin, sämtlich in Marmor. Einige Thongruppen der Maria
mit dem Kinde, wahrscheinlich Modelle für größere
Marmorarbeiten, erscheinen durch die Auffassung des
Kindes beinahe wie Genredarstellungen. Die köstlichste
dieser Gruppen ist die Madonna mit dem lachenden Kinde
im South Kensington Museum.

149A. Bemalte Thonbüste der hl. Elisabeth von Ant.
Rossellino.

Wie Antonio in seiner früheren Zeit zur Fertigstellung eines

Monuments berufen wurde, über das sein Bruder hingestorben war (Grabmal Lazzari in Pistoja, vollendet 1468), so hat er selbst einen großen Auftrag, den er von Neapel aus erhielt, das Grabmal der 1470 verstorbenen Maria von Arragonien für die Chiesa di Montoliveto, nur noch anfangen können. Die Ausführung dieses Monuments, für welches das Grabmal des Kardinals von Portugal ausdrücklich als Vorbild ausbedungen war, ist in allen wesentlichen Teilen von der Hand des Benedetto da Majano.

67. Marmorbüste von Ant. Rossellino.

Die Berliner Sammlung enthält eine reiche Auswahl verschiedenartiger Arbeiten des A. Rossellino, die den Künstler in vorteilhafter Weise kennen lehren; außer mehreren bemalten Stucknachbildungen von Madonnenreliefs (No. 66 und 68 bis 70) auch verschiedene Originale. In dem großen Marmorrelief der Madonna, welche das Kind auf dem Schoße hält (No. 65A), besitzt die Sammlung eine ganz eigenhändige und zugleich wohl die vollendetste Arbeit des Meisters in dieser Art. Die Modellierung, namentlich im Kinderkörper und in den Händen der Maria, ist mit unübertrefflicher Treue und Feinheit der Natur abgelauscht; die Behandlung des Reliefs von den ganz flach gehaltenen Cherubim in den oberen Ecken bis zu dem ganz in Hochrelief gearbeiteten Körper des Christkindes ist von großer malerischer Wirkung, die Ausführung in Marmor von höchster Delikatesse. Die zahlreichen Aufträge, wie die Vorliebe für die Wahl des Marmors und die Ansprüche an die Durchführung in diesem Material machte sonst in der zweiten Hälfte des XV. Jahrh. eine starke Beteiligung von Schülern und Gehülfen an der Ausführung zur Regel und hatte, neben kleinen Thonskizzen, die Anfertigung großer Modelle in Thon als

Vorlagen für die Schüler zur Folge. Gerade von Ant. Rossellino sind uns solche Thonmodelle noch in größerer Zahl erhalten, die sich alle durch die feine naturalistische Durchbildung und die Frische der Arbeit auszeichnen. Dies gilt ganz besonders von einigen hervorragenden Arbeiten dieser Art in der Berliner Sammlung, einer Madonna mit dem Kinde auf reich dekoriertem Sessel (No. 65) und dem großen Rundrelief mit der Anbetung der Hirten (No. 64), dessen wesentlich veränderte Marmorausführung das Bargello besitzt (vgl. oben). Auch ein Paar tüchtige Büsten der Sammlung lassen sich wenigstens mit Wahrscheinlichkeit auf Antonio zurückführen; die Marmorbüste eines Florentiners in mittleren Jahren (No. 67) und die farbige Thonbüste der hl. Elisabeth (No. 149A), worin das Porträt einer vornehmen Nonne wiedergegeben ist.

65. Thonrelief der Madonna von Ant. Rossellino.

Ebenso reich und vorteilhaft wie A. Rossellino ist auch der jüngste unter den großen Marmorbildnern des Quattrocento, B e n e d e t t o   d a   M a j a n o (1442–1497), im Berliner Museum vertreten. Benedetto erscheint als Nachfolger Rossellino's für die Vollendung des Grabmals der

Maria von Arragonien (nach 1481); diesen hat er sich aber auch schon in seinem frühesten bekannten Werke zum Vorbild genommen, im Wandaltar des hl. Savinus in der Kathedrale von Faenza (um 1470). Augenscheinlich hat Antonio's Markolinusmonument in Forlì den Aufbau dieses Altares bestimmt; aber auch Behandlung, Ausdruck und Empfindung sind dem Rossellino so verwandt, daß daraus eine nähere Beziehung Benedetto's zu diesem Künstler fast zweifellos wird. Auch in späteren Werken bleibt die innere Verwandtschaft zwischen beiden Künstlern, so daß ihre Arbeiten oft mit einander verwechselt werden. Gemeinsam ist ihnen der Schönheitssinn und Geschmack, die Einfachheit und Natürlichkeit in Auffassung und Darstellungsweise, die Lieblichkeit der Erscheinung und die Holdseligkeit im Ausdruck ihrer Gestalten, die Weichheit in der Behandlung, namentlich auch in der Gewandung, die Eleganz und Zierlichkeit im architektonischen Aufbau und in den dekorativen Details. Doch sind bei Benedetto alle diese Eigenschaften schärfer ausgeprägt und werden, wenigstens in seiner letzten Zeit, schon teilweise zur Manier; seine Gestalten sind schlanker, der Faltenwurf der in späterer Zeit wie gebauscht erscheinenden Gewänder, ist voller und weicher; die Formen seiner Figuren sind von einer mehr allgemeinen Schönheit, der Ausdruck zuweilen schon von einer etwas leeren träumerischen Holdseligkeit, und den figurenreicheren Kompositionen fehlt es an dramatischer Auffassung und energischer Bewegung. Innerhalb seiner Befähigung hat aber Benedetto doch eine so glückliche und mannigfaltige Thätigkeit entfaltet, daß er unter den letzten Bildhauern des Quattrocento in Florenz in erster Linie genannt zu werden verdient.

Der oben erwähnten Jugendarbeit des Savinusaltars in Faenza folgt in Florenz im Auftrage des P. Meilini, dessen Büste als Greis aus dem Jahre 1474 jetzt das Bargello besitzt, die berühmte Kanzel in Sa. Croce. Sie ist ganz besonders ausgezeichnet durch ihre glücklichen Verhältnisse und die zierliche Dekoration. Ein Thonmodell zu einer der Reliefdarstellungen aus dem Leben des hl. Franz besitzt die Berliner Sammlung: die (bei der Ausführung verworfene) Vision des Papstes Innocenz III. (No. 87). Etwa gleichzeitig (1475) scheint der Altar der hl. Fina in der Collegiata zu San Gimignano entstanden zu sein, der im Aufbau durch Rossellino's Grabmonument in San Miniato beeinflußt ist. Durch die Zartheit der Empfindung, die Lieblichkeit der Gestalten und die Zierlichkeit der Dekoration erscheint er für seine Bestimmung zur Verherrlichung einer heiligen Jungfrau besonders geeignet. Wohl im Anschluß an diese Arbeit fertigte Benedetto für San Domenico in Siena das große herrlich aufgebaute Marmorciborium mit den Evangelisten am Sockel und den schönen Figuren der leuchterhaltenden Engel, denen zur Seite des Finamonuments ganz verwandt.

86. Bemalte Thonstatue der Madonna von Ben. da Majano.

Von San Gimignano zurückgekehrt, war Benedetto für den Palazzo Vecchio in Florenz thätig, wo er die Marmoreinrahmung der Thür des Audienzsaales zwischen den Jahren 1475 und 1481 ausführte; dazu gehörten ursprünglich auch die Johannesstatue und die beiden Gruppen von Kindern mit Kandelabern, welche jetzt im Bargello aufgestellt sind. Aus dem Jahre 1480 datiert die jetzt unbemalte Thonstatue der Madonna im Dom zu Prato, an deren Sockel ein Marmorrelief der Beweinung Christi sich befindet. Ihr ebenbürtig und durch die Erhaltung der alten Bemalung noch überlegen, erscheint eine ganz ähnliche große Madonnenstatue der Berliner Sammlung (No. 86), die in der Verbindung von naiver Wiedergabe der schlichten Lebenswahrheit mit vollendeter Anmut und feinem Geschmack in der Anordnung als ein Meisterwerk des Benedetto gelten darf. Genrehafter in der Auffassung und wohl etwas jünger ist eine Madonnenstatuette unserer Sammlung (No. 89D), in welcher wir das Kind im Einschlafen auf dem Schoße der Mutter sehen. Solche Statuetten, die wohl zum Teil als Skizzen oder Modelle entstanden, sind aus der späteren Zeit des Benedetto nicht selten.

85. Bemalte Thonbüste des Fil. Strozzi von Ben. da Majano.

In der ersten Hälfte der achtziger Jahre vollendete Benedetto das Grabmal der Maria von Arragonien in der Chiesa di Montoliveto zu Neapel, über dessen Ausführung A. Rossellino hingestorben war. Im Aufbau und in sämtlichen Figuren fast treu kopiert nach dem Monument des Kardinals von Portugal, ist es in den Typen, in der Bewegung und Gewandung wie in der Dekoration ein gleich bezeichnendes Werk des Benedetto, der auf die Durchführung ganz besondere Sorgfalt verwendete. Diese Arbeit wurde die Veranlassung zu einem zweiten großen Monumente für dieselbe Kirche, dem Marmoraltar mit der Verkündigung, als Gegenstück von Rossellino's Anbetungsaltar, der dem Meister wieder als Vorbild für den Aufbau gegeben wurde. Es fehlt diesem 1489 vollendeten Monumente, bei aller Schönheit im Einzelnen, schon vielfach an der Frische und Naivetät der früheren Arbeiten;

auch machen sich hier die langen Falten in den bauschigen Gewändern teilweise schon recht störend geltend.

88. Fahnensockel in Marmor von Ben. da Majano.

Als dieser Marmoraltar fertig wurde, beschäftigten den Künstler schon die Pläne für den Palast, mit dessen Bau ihn Filippo Strozzi betraut hatte; und als bald darauf eine schwere Krankheit den Auftraggeber befiel, gab dieser ihm auch sein Grabmal in Arbeit, welches jetzt die Familienkapelle in Sa. Maria Novella schmückt. Auf dunkler Rückwand vier Engel, die schwebend in schwärmerischem Anblick des Christkindes versunken sind, das in den Armen der Mutter von einem Rosenkranz umgeben ist. In der ersten Zeit seiner Beziehungen zu diesem kunstsinnigen Gönner entstand die bemalte Thonbüste Fillippo's in der Berliner Sammlung (No. 85), mit deren Benutzung einige Zeit später die Marmorbüste im Louvre ausgeführt wurde. Die feinen Züge dieses großen Mannes sind, namentlich in der Thonbüste, mit einer Frische und Treue, mit einer Anspruchslosigkeit und einem Geschmack wiedergegeben, welche diese Büste als ein Meisterwerk der Porträtplastik überhaupt erscheinen lassen. Eine zweite Thonbüste, die gleichfalls noch ihre alte Bemalung besitzt, die Büste der hl. Katharina von Siena (No. 149), darf wohl ebenfalls auf Benedetto zurückgeführt werden, für den der halb schwärmerische, halb träumerische Ausdruck des schönen Kopfes, die weichen Falten und die Dekoration des Sockels charakteristisch sind. Die kranztragenden Engel am Sockel kommen genau so als Dekoration eines trefflichen kleinen Reliefs mit der Geburt des Johannes im South Kensington Museum vor, welches Ende der siebziger Jahre entstanden zu sein scheint.

Als charakteristisches Werk der letzten Zeit Benedetto's besitzt die Berliner Sammlung ein kleines Stuckrelief mit der Kreuzigung Christi (No. 92). Das Hauptwerk dieser Zeit ist der schön aufgebaute Altar des hl. Bertoldus in S. Agostino zu San Gimignano (seit 1494). Die Büsten Giotto's und des Squarcialupi im Dom zu Florenz (um 1490) sind weniger bedeutend und verraten in der Ausführung die Hand von Schülern. Auch das fein durchgeführte Krucifix ebenda ist zu weichlich in der Auffassung. Die Statuen der Madonna und des (unvollendeten) Sebastian, die er in seinem Testament der Misericordia hinterließ, sind besonders bezeichnend für die etwas leere Allgemeinheit in den Formen und in dem schwärmerischen Ausdruck, wie für die schwülstige Fülle der Gewandung in seiner letzten Zeit. Das einzige Beispiel für Benedetto's Behandlung des Marmors bietet in der Berliner Sammlung (No. 88) eine dekorative Arbeit: der Sockel einer Kirchenfahne mit drei köstlichen Engelsköpfen am Fuß.

Mit Ant. Rossellino und Ben. da Majano wetteifert als beliebter Marmorbildner in seiner Heimat wie außerhalb derselben ein dritter florentiner Künstler, M i n o   d a F i e s o l e (1431—1484). Erst durch Desiderio aus einem Steinmetzen zum Künstler ausgebildet, wie uns Vasari berichtet, hat er in seiner künstlerischen Thätigkeit das Handwerkmäßige nie völlig abgestreift. Seine außerordentliche Fertigkeit verführte ihn zu flüchtiger und ungleichmäßiger Massenproduktion; als Unternehmer unterzog er sich bald hier, bald dort großen Aufgaben und nahm keinen Anstand, die Ausführung mit anderen, oft recht geringwertigen Künstlern zu teilen. Nicht gewöhnt, auf die Natur als letzte und einzige Quelle zurückzugehen, war er, wo er nicht (wie in den Porträts) zur unmittelbaren Wiedergabe der Natur angehalten wurde, der Gefahr des Manierismus besonders ausgesetzt. Der Liebreiz seiner Figuren ist mehr äußerlich; Ausdruck und Bewegung derselben ermangeln des inneren Lebens und haben daher leicht etwas Starres und Kleinliches, wie auch sein Faltenwurf eckig und einförmig ist. Wie ihm wirkliches Formenverständnis und freie schöpferische Phantasie abgehen, so fehlt ihm auch die Freude des echten Künstlers an der Durchbildung seiner Werke. Andererseits weisen alle Bildwerke des Mino große technische Fertigkeit und Sicherheit in der Behandlung des Marmors auf; durch sie wird der Künstler in den Stand gesetzt, ohne Skizzen und Modelle unmittelbar aus dem Marmor heraus und daher ganz im Charakter des Materials zu schaffen. Daneben besitzt er eine, ich möchte sagen, bäuerische Naivetät und Frische der Auffassung, sobald er unmittelbar nach der Natur arbeitet, also namentlich als Porträtbildner. In seinen zahlreichen Porträts, Büsten wie Reliefporträts, deren er fast so viele hinterlassen hat wie alle seine florentiner Zeitgenossen zusammen, zeigt er eine Breite und Derbheit der Charakteristik, eine Frische der Wiedergabe, welche ihn dem Frans Hals vergleichen, ihn aber gelegentlich auch, gerade wie Hals, bei besonders frappanten Persönlichkeiten nahe an Karikatur streifen läßt.

Mino ist schon jung nach Rom gekommen: im Jahre 1454, also mit 23 Jahren datiert er seine jetzt im Berliner Museum befindliche Büste des Niccolo Strozzi »in urbe«; 1463 und 1464 ist er dort für die Kanzel im Peter, sowie für das große Ciborium und den Hieronymusaltar in Sa. M. Maggiore thätig; nach dem Tode Papst Pauls II. (1471) wurde er zur Anfertigung von dessen Grabmal berufen, und um 1475—1480 finden wir ihn für Nepoten und Kirchenfürsten unter Sixtus IV. beschäftigt. Wie Mino durch diese seine außerordentlich umfangreiche Thätigkeit in Rom auf die gesamte römische Plastik der Frührenaissance bestimmenden Einfluß ausübte, so hat der Aufenthalt in Rom auch auf ihn zurückgewirkt; namentlich ist sein eigentümlicher Faltenwurf mit den zierlichen Parallelfalten und ihren scharfen Knicken augenscheinlich eine mißverstandene Auffassung der Gewandbehandlung an archaistischen römischen Bildwerken.

Die Zahl und der Umfang der meisten Monumente, welche Mino in Rom wie in Florenz und Umgebung geschaffen hat, ist nur erklärlich aus seiner außerordentlichen handwerksmäßigen Sicherheit und Leichtigkeit des Schaffens. Mino scheint jede Aufgabe übernommen zu haben, die sich ihm darbot; daher sind die Bildwerke seiner Hand ebenso mannigfaltig wie zahlreich. In der Erfindung meist von den Vorbildern seiner Florentiner Zeitgenossen abhängig oder lokalen Bedingungen sich fügend, im Aufbau wenig originell und ohne feines Ebenmaß der Verhältnisse, in der Ornamentik und Profilierung ohne den Sinn für Natur und Stil, der namentlich seinen Lehrer Desiderio auszeichnet, erzielt Mino doch in einer Anzahl dieser Monumente durch Frische der Empfindung, glückliche Verbindung der architektonischen und plastischen Teile, Zierlichkeit der Arbeit, gelegentlich auch durch eigenartige Ideen eine reizvolle Gesamtwirkung. Unter den Grabmonumenten, den zahlreichsten unter Mino's Arbeiten, stehen die einfachsten obenan: das Grabmal des Bischofs Leon. Salutati im Dom von Fiesole (vor 1466), in der Verbindung von Büste und Sarkophag und im Aufbau an der Wand, wie in der Durchführung eines der vollendetsten und eigenartigsten Monumente der Frührenaissance; sowie das köstliche Monument des jungen Francesco Tornabuoni in der Minerva zu Rom († 1480). Andere Grabdenkmäler sind stärker beeinflußt von fremden Vorbildern, namentlich vom Marzuppini-Monument: so das des Giugni († 1466) und des Grafen Hugo (vollendet 1481) in der Badia zu Florenz, das des Kardinals Nie. Forteguerri († 1473) mit der trefflichen Gestalt des Toten auf schöner Doppelbahre in Sa. Cecilia zu Rom, sowie die späteren römischen Grabmäler des P. Riario († 1474) in Sti. Apostoli, des Chr. della Rovere († 1479) in Sa. M. del Popolo, des Ferricci im Hof der Minerva. Sie sind sämtlich unter mehr oder weniger starker Beteiligung anderer in Rom arbeitender Künstler ausgeführt und von dem Typus der römischen Gräber beeinflußt. Andere Monumente dieser Art in Rom, wie das des Papstes Paul II. und des Kardinals Piccolomini († 1479), sind nur noch in einzelnen Teilen vorhanden (in den Grotten des Vatikan und in S. Agostino).

81. Marmorrelief der Madonna von Mino da Fiesole.

Die Berliner Sammlung besitzt ein unfertiges Relief, das jedenfalls für die Rückseite eines Grabmonuments berechnet war, die Gestalt des Glaubens (No. 82); von besonderem

Interesse durch den unfertigen Zustand: der Kopf, bis auf die Politur schon ganz durchgeführt, andere Teile der Figur dagegen eben erst aus dem Groben herausgehauen. Der Umstand, daß jede Angabe von Punkten fehlt, läßt darauf schließen, daß Mino diese Figur ganz eigenhändig und ohne Modell arbeitete. Wir dürfen danach wohl annehmen, daß er überhaupt seine Arbeiten, soweit nicht andere Künstler neben ihm thätig waren, im Wesentlichen allein ausführte. Auch ein im Rund komponiertes, ziemlich flach gehaltenes Marmorrelief der Madonna (No. 81) bildete wohl ursprünglich den Abschluß eines Grabmonuments. In Zeichnung und Durchbildung eine der besten Arbeiten des Künstlers, im Ausdruck so anmutig, wie kaum eine zweite Madonna, läßt sich dieselbe nach ihrer Verwandtschaft mit den spätesten Arbeiten Mino's, namentlich mit der Madonna am Grabmal Hugo, in die letzten Jahre seiner Thätigkeit setzen. In diese Zeit gehört wohl auch die eben genannte (vielleicht bei seinem Tode unvollendet gebliebene) Figur des Glaubens, deren Kopf mit dem der Madonna die größte Verwandtschaft hat.

79. Marmorbüste des N. Strozzi von Mino.

Die Zahl der Kanzeln, Altäre, Tabernakel und Ciborien von Mino's Hand ist fast ebenso groß, wie die der

Grabdenkmäler; teilweise sind dieselben auch von gleichem Umfange. In Florenz gehören die Altäre im Dom von Fiesole (vor 1466) und der bald darauf entstandene ähnliche Altar in der Badia, die Tabernakel in Sa. Croce und S. Ambrogio (1481) zu seinen bekanntesten Arbeiten. Die Kanzel in Prato, die er 1473 mit Ant. Rossellino zusammen ausführte, und das Ciborium in Volterra (1471) stehen durch die Flüchtigkeit der Zeichnung und die oft kindlich ungeschickte Komposition wesentlich hinter jenen Arbeiten zurück. In Rom sind die meisten Werke dieser Art zerstückelt: so die große Kanzel des Peter, an welcher vier Apostel von Mino's Hand sind, das kolossale Ciborium in Sa. Ma. Maggiore (1463) und das gemeinsam mit Dalmata ausgeführte Tabernakel in S. Marco (um 1463). Die Tabernakel in Sa. Ma. in Trastvere und in S. Pietro in Perugia (1473, wohl gleichfalls in Rom entstanden) befinden sich dagegen noch an ihrem ursprünglichen Platze. Von den ziemlich zahlreichen Madonnenreliefs, die der Bargello, der Louvre und Pariser Privatsammlungen aufzuweisen haben, war wohl die Mehrzahl für Tabernakel bestimmt, wie heute noch eines mit dem besonders tüchtigen, größeren Madonnenrelief als Straßentabernakel gegenüber Palazzo Martelli in Florenz aufgestellt ist.

80. Marmorbüste eines jungen Mädchens von Mino.

Die Meisterschaft des Mino als Porträtbildner ist nicht nur durch die Grabstatuen seiner Monumente, sondern auch durch eine stattliche Reihe von Büsten und Reliefs bezeugt, die fast ausschließlich Florentiner darstellen. Die früheste beglaubigte Büste stellt den in Rom im Exil lebenden Niccolo Strozzi (1454) dar; sie befindet sich jetzt im Berliner Museum (No. 79). Die auffallende Persönlichkeit dieses bedeutenden Mannes, der seit seiner Jugend an Fettsucht litt, ist mit einer Größe und Breite zum Ausdruck gebracht, welche diese und ähnliche Büsten Mino's unter die besten florentiner Arbeiten der Art einreihen läßt. Bald darauf wurde der Künstler als Porträtbildner für die Medici beschäftigt: die Büsten des Piero und seines Bruders Giovanni de' Medici (im Bargello) entstanden etwa gleichzeitig mit der Büste eines Unbekannten in der Sammlung Hainauer zu Berlin (1456), um die Mitte der fünfziger Jahre. Die kleinere Büste des Rinaldo della Luna (Bargello) datiert von 1461, und wenig später entstand wohl die großartige Büste von Mino's Gönner Diotisalvi Neroni, welchen 1466 für seinen Verrat an den Mediceern die Verbannung traf. Aus der gleichen

Periode ist die Büste am Grabe des Bischofs von Fiesole, wieder ein Meisterwerk in feiner Charakteristik und geschmackvoller Aufstellung. In diese Zeit gehört auch, nach Auffassung und Behandlung, die einzige bisher bekannte fertige[B] Frauenbüste von Mino's Hand, im Berliner Museum (No. 80); etwas eckig in Formgebung und Bewegung, aber von köstlicher Frische der Auffassung und höchster Delikatesse der Durchführung. Die einzige von ihm in Rom ausgeführte Büste, Papst Paul II. im Pal. Venezia, geht dort von Alters her als ein Werk des Bellano. Eine Anzahl florentiner Knaben- und Jünglingsbüsten, hergebrachter Weise in der Ausstaffierung des Schutzheiligen von Florenz, Johannes d. T., sind fast ausnahmslos jetzt außerhalb Italiens: im Louvre, im Museum zu Lyon, in Pariser Privatsammlungen.

Wohin Mino's handwerksmäßige Ausübung der Marmorplastik ohne künstlerische Begabung führen konnte, beweist ein dem Namen nach noch unbekannter florentiner Bildhauer dieser Zeit, der regelmäßig mit Mino verwechselt wird. Von diesem jetzt als »M e i s t e r   d e r   M a r m o r m a d o n n e n « bezeichneten Anonymus besitzt die Berliner Sammlung zwei sehr charakteristische und besonders gute Arbeiten: die Madonna im Cherubimkranz (No. 77) und eine kleine sitzende Madonna in ganzer Figur (No. 76). Eckig, unbelebt und gespreizt, wie Mino in seinen geringeren Arbeiten, ist dieser Künstler in der Formbehandlung wie in der Faltengebung dem Ant. Rossellino näher verwandt; seine maskenhaften Gesichter, sein stereotypes, grinsendes Lächeln verraten ihn in allen seinen Werken. — Eine große Marmorbüste Christi als Eccehomo in der Berliner Sammlung (No. 84), die manche Verwandtschaft mit diesem Künstler zeigt, ist seinen Madonnen in dem herben Naturalismus doch so sehr überlegen, daß sie wohl einem dritten, dem Mino nahestehenden Bildhauer dieser Zeit zuzuschreiben ist.

Zur florentiner Schule muß auch der Lucchese M a tt e o C i v i t a l e (1435—1501) gerechnet werden. Urkundlich steht er zwar nicht in Beziehung zu Florenz; aber die Abhängigkeit Lucca's von Florenz seit dem Anfange des Quattrocento und, als Folge davon, das Aufhören einer lokalen künstlerischen Tradition, wie die völlige Abhängigkeit des Künstlers von seinen Florentiner Zeitgenossen, namentlich von Desiderio, lassen keinen Zweifel darüber, daß er in Florenz seine Lehrzeit durchmachte und an die Florentiner Kunst sich anschloß. Ohne hervorstechende Eigenart und ohne die lebensvolle Frische und den feinen Natursinn der Florentiner, verdient Matteo doch durch sein Schönheitsgefühl, durch die Innigkeit der Empfindung und seinen Geschmack einen Platz neben den Florentiner Marmorbildnern seiner Zeit. Besonders glücklich in seinen Dekorationsarbeiten, wie heute namentlich noch das Tempietto (1481) und die Kanzel (1492) im Dom zu Lucca bezeugen, befriedigt er in seinen figürlichen Darstellungen am meisten, je einfacher sie sind und je mehr seine fromme, innige Empfindung darin zum Ausdruck kommen kann. Sein Christus als Schmerzensmann, den er mit Vorliebe zum Vorwurf wählt und am glücklichsten in der Büste des Museums zu Lucca und in dem Hochrelief des Bargello wiedergegeben hat, wird im Adel der Formen und des Ausdrucks durch keine ähnliche Florentiner Arbeit übertroffen; seine betenden Engel vom (zerstörten) Sakramentsaltar im Dom zu Lucca (1473) und sein Relief mit der allegorischen Figur des Glaubens im Bargello gehören durch die Vereinigung von begeistertem Ausdruck gläubiger Andacht mit Schönheit der Form und Bewegung zu dem besten, was die toskanische Kunst dieser Zeit hervorgebracht hat. Unter den großen Monumenten genügen die einfacheren am meisten;

145

so das Grabmal von Matteo's langjährigem Gönner Dom. Bertini im Dom (1479), teilweise auch das Grabmal des hl. Romanus in S. Romano (1490). Das Monument des Pietro a Noceto († 1472) im Dom giebt sich dagegen zu sehr als Nachbildung des Marzuppini-Monuments von Desiderio; und der Regulusaltar (1484) ist eine nur teilweise geglückte Verbindung von Wandaltar und Grabmal. Gegen Ende des Jahrhunderts erhielt Matteo eine größere Aufgabe außerhalb seiner Heimat: er wurde nach Genua berufen, um das Innere der Johanneskapelle im Dom auszuschmücken. Die Reliefs aus dem Leben des Täufers und sechs der lebensgroßen Statuen sind von seiner Hand; in Florenz würden diese Figuren zu weichlich und nicht frei genug in ihrer naturalistischen Durchbildung erscheinen; in Genua sind sie die beste Leistung der Renaissance, selbst neben den Statuen des A. Sansovino, welcher nach Matteo's Tode den Schmuck der Kapelle zu vollenden hatte.

Die Berliner Sammlung besitzt keine Arbeit des Luccheser Künstlers, der außerhalb seiner Heimat überhaupt nur sehr spärlich vertreten ist. Doch befindet sich im Berliner Privatbesitz, in der Sammlung des Herrn A. von Beckerath, das Profilporträt eines jungen Mädchens in reicher Tracht, ein tüchtiges Werk aus Matteo's früherer Zeit.

Die Marmorplastik in ihrer einseitigen Richtung mußte zu einer dekorativen und dadurch zugleich oberflächlichen und selbst handwerksmäßigen Ausübung führen, welche die Künstler von den großen Zielen der Kunst abdrängte. In naturgemäßem Gegensatz gegen diese Art der plastischen Kunst und zugleich zum Heil für die gedeihliche Fortentwickelung der italienischen Plastik bildete sich neben ihr eine auf Donatello's letzter Thätigkeit fußende Richtung der Skulptur in Florenz aus, welche den Schwerpunkt ihres

Strebens auf möglichst treue naturalistische Durchbildung legte und damit zugleich eine Vertiefung der Auffassung und Erweiterung und Vervollkommnung der Technik verband. Die Künstler dieser Richtung gehen aber keineswegs, wie ihr großer Lehrmeister Donatello, einseitig auf die Wiedergabe des Charakteristischen und Momentanen aus, sondern verbinden damit ein ausgesprochenes Streben nach Anmut und selbst nach Schönheit. An der Spitze dieser Bewegung stehen Ant. Pollajuolo und Andrea del Verrocchio. Ihrer Richtung entspricht es, daß sie sich in den verschiedensten Künsten versuchen und diese sämtlich nicht nur mit großer Geschicklichkeit ausüben, sondern auch technisch wesentlich vorwärts bringen, und daß sie als Bildner sich mit Vorliebe der Bronze bedienen.

A n t o n i o   P o l l a j u o l o   (1429—1498), der geschätzteste Goldschmied seiner Zeit, als Maler durch seine Versuche in der Firnis- und Ölmalerei von hervorragender Bedeutung, hatte auch als Bronzegießer mit Recht einen Ruf in ganz Italien. In großem Stil konnte er sich als solcher erst in seinem Alter an den Bronzemonumenten in der Peterskirche bekunden, die ihm Papst Innocenz VIII. in Auftrag gab. Die Denkmäler von Papst Sixtus IV, (vollendet 1493) und von Innocenz VIII. selbst beweisen aber, daß Pollajuolo's Begabung nicht nach der monumentalen Seite lag: die Art, wie das Sixtus-Denkmal gewissermaßen als Grabplatte etwas erhöht über dem Fußboden angebracht ist und wie die Gestalten der Tugenden in eine tiefe Hohlkehle hineingezwängt sind, ist entschieden verfehlt. Daneben erscheint der Aufbau des Innocenzgrabes als Wandgrab glücklicher; die Wirkung desselben wird noch durch die außerordentlich individuelle Kolossalfigur des sitzenden Papstes gehoben; aber nach einer inneren Beziehung der allegorischen Gestalten zu dem Verstorbenen, nach der künstlerischen Berechtigung der Darstellung desselben in zwei fast gleich großen Porträtgestalten wird man vergeblich suchen. Die Freude des Künstlers und seine Kraft liegt in der Durchbildung im Einzelnen: in der individuellen Gestaltung der Bildnisse, in der naturwahren Bildung der schlanken, jugendlichen Frauengestalten, in der Charakteristik der Stoffe und in der Durchbildung ihrer Falten, welche bis ins Kleinste hinein das treueste Naturstudium beweisen. In der Sauberkeit von Guß, Ciselierung und Politur, in der Zierlichkeit der Faltenbildung verrät sich der als Goldschmied großgewordene Künstler. Die gleichen Eigenschaften charakterisieren auch die wenigen erhaltenen kleineren Bildwerke: sein Relief und mehr noch seine gravierten Darstellungen an dem Silberaltar der Domopera zu Florenz (seit 1456), sein Thonmodell eines keck dreinschauenden Jünglings im Panzer, die kleine Bronzegruppe von Herkules und Kakus, die in ihrem Aufbau als Gruppe besonders gelungen ist, sowie ein Paar Bronzestatuetten nach der Antike, sämtlich im Bargello.

In dem gleichen Streben, bei ähnlicher künstlerischer Ausbildung und ganz verwandter Veranlagung wie Pollajuolo, hat der wenige Jahre jüngere A n d r e a   d e l V e r r o c c h i o (1435 bis 1488) sein Talent in glücklicherer Weise entfaltet und einen viel bedeutenderen Einfluß auf seine Zeitgenossen und die spätere Entwickelung der italienischen Kunst gehabt. Schüler eines Goldschmieds, wie Pollajuolo, und wie dieser als Goldschmied von Luca della Robbia zu der Ciselierung von dessen Bronzethür im Dom herangezogen (1467), ist er auch als Maler ebensosehr thätig gewesen und hat in allen Zweigen der Kunst eine Vertiefung im Inhalt wie eine Vervollkommnung der Technik angestrebt und durchgeführt. Verrocchio war es gegeben, den geistigen Gehalt voll zu erfassen und ihn ganz in der Form zum

Ausdruck zu bringen, die Form selbst aber mit möglichster Naturtreue wiederzugeben und künstlerisch, dem jedesmaligen Stoffe entsprechend, aufs Höchste durchzubilden. Dabei verstand er es, im Einzelnen zu verallgemeinern und im Individuellen zugleich Typen hinzustellen. In diesem Streben hat er in den verschiedensten Kunstgattungen Großes geschaffen; ein ganz besonderer Reiz dieser seiner Kunstwerke liegt aber in der Einfalt seiner Kunst, in dem Ernst seines Strebens, in dem mühseligen Ringen nach einem vollen und doch stets neuen Ausdruck seines künstlerischen Ideals.

*Bronzegruppe von Verrocchio an Or San Michele in Florenz.

Verrocchio hatte das Glück, schon jung die Aufmerksamkeit der Mediceer auf sich zu lenken, die ihm bis zu seinem Tode die mannigfachsten Aufgaben stellten und ihn in den Stand setzten, sein Talent in der vielseitigsten Weise zu entfalten. Zwei der frühesten uns bekannten Arbeiten sind ein Paar große dekorative Bildwerke in der Sakristei von S. Lorenzo, ein Marmorbrunnen und das Bronzegrabmal des Piero und Giovanni de' Medici (vollendet 1472), beide in ihrer Art ganz eigenartig, vollendet im Aufbau und meisterhaft in der Dekoration. Von verschiedenen Büsten, die er damals und einige Jahre später von Mitgliedern der Mediceerfamilie ausführte, sind noch die beiden, wohl als Modelle für Bronzeguß entstandenen, Thonbüsten des Lorenzo und Giuliano als Jünglinge erhalten (bei Mr. Shaw in Boston und M. Dreyfuß in Paris); auch die aus dem Pal. Medici stammende Marmorbüste einer jungen Frau im Bargello stellt wahrscheinlich gleichfalls ein Mitglied der Familie dar. Diese Büsten sind neben ihrer meisterhaften Wiedergabe der Individualität sämtlich ausgezeichnet durch die große, stilvolle Auffassung, die den Charakter trefflich wiedergiebt und die Dargestellten zugleich als wahre Typen vornehmer Florentiner jener Zeit erscheinen läßt. Es ist nur eine Konsequenz dieser Richtung, daß Verrocchio auch schon Charakterköpfe bildet, wie das schöne Scipio-Relief der Rattier'schen Sammlung (jetzt im Louvre; ein ähnliches Kriegerrelief in Robbia-Nachbildung findet sich in der Berliner Sammlung No. 137A). Köstliche Bilder der Jugend sind die beiden Bronzen, die Verrocchio für Lorenzo ausführte, der berühmte David im Bargello (1476) und der als Fontaine gedachte Knabe mit dem Fisch, jetzt im Pal. Vecchio: dort ein Jüngling mit noch nicht voll entwickelten Formen, von graziösester Haltung und in dem holdseligen Lockenkopf mit einer kecken Mischung von stolzer Siegesfreude und mädchenhafter Schüchterheit; hier ein prächtiger nackter Bube im ausgelassenen Spiel. Für eine ähnliche Figur, einen posaunenblasenden Putto, war das Modell in der Sammlung Dreyfuß bestimmt. Verschiedene für die Medici gearbeitete Madonnenreliefs in Marmor (eines jetzt im Bargello, ein zweites, größeres bei Mr. Shaw in Boston) stehen mit diesen Arbeiten nicht ganz auf derselben

Höhe, weil bei der Marmorausführung durch Schülerhände die Frische der Empfindung und die Feinheit der naturalistischen Durchbildung verloren ging, welche das große Thonmodell einer Madonna im Museum von Sa. Maria Nuova dagegen im vollsten Maße besitzt.

In etwas späterer Zeit, gegen Ausgang der siebziger Jahre, traten fast gleichzeitig zwei neue Aufgaben gleichen Charakters an den Künstler heran: die Denkmäler für die 1477 im Wochenbett verstorbene Francesca Tornabuoni und für den Kardinal Niccolo Forteguerri († 1473) in Pistoja, zu dem Verrocchio auf Lorenzo's Entscheidung 1477 den Auftrag erhielt. Beide Monumente sind unvollständig auf uns gekommen und gehen in ihrer Ausführung in Marmor auf Schüler zurück. Für das Tornabuoni-Monument lassen die Überreste: das friesartige, höchst dramatisch empfundene Relief mit dem Tode der Francesca im Bargello und die vier Statuetten der Tugenden im Besitz von M. E. André in Paris, eine sehr eigenartige Erfindung wenigstens vermuten; für das Forteguerri-Monument ist uns dieselbe in dem kleinen Modell im South Kensington Museum bezeugt. Verrocchio hat seine Aufgabe völlig neu erfaßt, indem er das Grabmal als große Wandtafel gestaltet, auf welcher er die Darstellung als einheitliche Komposition in ganz dramatischer und malerischer Weise ausbildet. Dem auf dem Sarkophag knieenden Kardinal naht sich die Gestalt des Glaubens und weist ihn nach oben, wo Christus segnend in einer von vier Engeln getragenen Mandorla thront; zu ihm blickt flehend die auf der anderen Seite des Kardinals heranschwebende Figur der Hoffnung, während die Liebe hinter ihm zum Erlöser aufschwebt.

* Reitermonument des Colleoni von Verrocchio in Venedig.

Ebenso eigenartig, ebenso groß komponiert und tief und dramatisch empfunden ist die 1483 vollendete Bronzegruppe von Christus und Thomas an Or San Michele zu Florenz; die großartigste Gruppe der Frührenaissance durch den äußerst geschickten Aufbau, die Klarheit und Feinheit in der Wiedergabe der Handlung (man beachte die sprechende Bewegung der Hände!), den überwältigenden Ernst in der Auffassung und die vollendete Durchbildung. Als Verrocchio diese Gruppe in der Marmornische aufstellte, die einst Donatello gearbeitet hatte, war er schon zu einer ebenso großen Aufgabe, zur Anfertigung eines bronzenen Reiterdenkmals für Bartolommeo Colleoni in Venedig, berufen (1479). Dem Künstler war es nicht vorbehalten, dieses gewaltige Werk zu vollenden: er starb 1488 in Folge einer Erkältung beim Guß. Der Colleoni gilt heute als das großartigste Reitermonument aller Zeiten: er verdient diesen Ruhm in vollem Maße, da in keinem zweiten Monument Roß und Reiter so einheitlich komponiert und empfunden sind und wohl kaum zum zweiten Mal in einem Denkmal ein so gewaltiges Zeitbild gegeben ist, wie er es in der für das Quattrocento besonders bezeichnenden, ja den Charakter der Zeit vielfach bestimmenden Gestalt des Condottiere mit überraschender Wucht und Lebensfülle geschaffen hat.

97A. Thonrelief der Grablegung von Verrocchio.

Die Größe und Meisterschaft Verrocchio's in der Erfindung und Komposition zeigen namentlich ein Paar kleinere Reliefs: die von Federigo von Urbino gestiftete Bronzetafel der Kreuzabnahme in der Carmine zu Venedig, sowie das nur als Stucknachbild (im South Kensington Museum) erhaltene Relief der »Eifersucht«.

Unsere Berliner Sammlung besitzt keines der großen Meisterwerke Verrocchio's, wohl aber eine ganze Reihe von kleineren Arbeiten der verschiedensten Art, namentlich Modelle, welche für ihn besonders charakteristisch sind und die künstlerische Absicht in größter Frische zum Ausdruck bringen. Einzelne sind große Modelle, die als Vorlagen für die Ausführung durch Schüler entstanden; so zwei nackte liegende Putten, als Wappenhalter für ein Grabmal gedacht (No. 96 u. 97). Dasselbe gilt wohl auch von einem flachen Relief der Grablegung (No. 97A), eine besonders edel aufgefaßte, trefflich abgewogene und fein durchgebildete Komposition aus der späteren Zeit, über deren Bestimmung bisher nichts bekannt ist. Die mittelgroße Figur eines schlafenden Jünglings (No. 93) scheint, wie der lesende Alte im South Kensington Museum, als Aktstudie für eine größere Komposition entstanden zu sein. Sie ist als solche von besonders feiner Durchbildung und läßt sich nach der Verwandtschaft des schönen lockigen Kopfes mit dem David in die mittlere Zeit des Künstlers setzen. Auch für den David besitzt die Berliner Sammlung ein kleines flüchtiges Modell (No. 95). Ein größeres, feiner durchgeführtes und sehr edel aufgefaßtes Modell der knieenden Maria von Egypten (No. 94) und ein Paar im Pariser Besitz befindliche kleine Thonreliefs mit der in einer Cherubimglorie gen Himmel fahrenden Heiligen scheinen auf Studien zu einem uns unbekannten größeren Werke dieser Heiligen hinzuweisen. Ähnliche Modelle zu bekannten Werken besitzt der Louvre in zwei schwebenden Engeln (für das Forteguerri-Monument) und Baron Ad. Rothschild in Paris in zwei Statuetten für die lebensvolle Komposition der Enthauptung des Johannes am Silberaltar des florentiner Doms (1480). Unter den Porträts der Berliner Sammlung trägt die Thonbüste eines kraushaarigen Jünglings (No. 100) deutlich den Typus Verrocchio's; ebenso scheinen mir die fein empfundenen Reliefporträts in Marmor von Matthias Corvinus und seiner Gemahlin (No. 98 und 99) dem Künstler selbst anzugehören, wie auch die lebensvollen Hochreliefs des alten Cosimo (No. 104) und seines Enkels Giuliano (No. 104A) mit Wahrscheinlichkeit auf ihn zurückzuführen sind.

Von einem anfangs ganz von Desiderio beeinflußten, später fast sklavisch sich an Verrocchio anschließenden florentiner Künstler, von F r a n c e s c o   d i   S i m o n e (1440—1493), der in Florenz und Bologna verschiedene Grabmonumente und dekorative Skulpturen hinterlassen hat, besitzt die Berliner Sammlung einen tüchtigen Kamin in pietra serena (No. 106). Auf L o r e n z o   d i   C r e d i (1459—1537), der auch als Bildhauer mit

Verrocchio thätig war, namentlich bei der Ausführung des Forteguerri-Monuments, scheint das Thonrelief der sitzenden Madonna in ganzer Figur (No. 104D) hinzuweisen, wenn ein Schluß aus dessen Gemälden auf Skulpturen, die wir sonst nicht von ihm kennen, erlaubt ist.

Indem Verrocchio volle Beseelung der Form mit vollendeter naturalistischer Wiedergabe derselben zu verbinden strebt, führt er das Quattrocento zu seinem Abschluß. Es war eine Notwendigkeit, daß der Schöpfer der Hochrenaissance, daß L e o n a r d o auf seinen Schultern stand und aus seiner Werkstatt hervorging, in der er bis zu seinem 28. Jahre Mitarbeiter seines Lehrers gewesen war.

93. Thonfigur eines schlafenden Jünglings von Verrocchio.

Unter den Künstlern, welche die Entstehung und Entwickelung der Renaissance mit am meisten beeinflußt haben, hätte der Sienese J a c o p o   d e l l a Q u e r c i a (1371—1438) mit voran genannt werden müssen. Ohne Vorgänger und ohne eigentlichen Nachfolger steht der Künstler völlig eigenartig zwischen der Kunst des Trecento und der des Quattrocento, erscheint aber zugleich wie ein Vorläufer Michelangelo's, dem er auch in seiner einsamen Stellung unter den Künstlern Sienas verwandt ist. In seiner Dekoration noch vollständig gotisch, in der ausgeschwungenen Haltung seiner Figuren, in den weichen Falten der dicken Gewänder, in der oberflächlichen, wenig

155

naturwahren Durchbildung der Formen noch abhängig von der Kunst des Trecento, ist Quercia durch seine großartige Auffassung, wie durch die eigentümliche Belebung seiner Gestalten völlig neu und ein echter Künstler der Renaissance. Seine Kompositionen sind groß aufgebaut, seine Körper sind gewaltig gebildet und von einem dämonischen Geist beseelt, der sie zu stürmischer Bethätigung drängt, welche nur mühsam zurückgehalten erscheint. Wie bei Michelangelo ist in Quercia's Bildwerken das Leben, ist die Handlung mehr im Körper als im Gesicht ausgedrückt. Da dem Künstler zu einer naturalistischen Durchbildung noch die Kenntnis abgeht, so stehen seine Einzelfiguren hinter seinen Reliefdarstellungen zurück, die meist in einem eigentümlich flachen, malerischen Stil gehalten sind.

94. Thonmodell der Maria von Egypten von Verrocchio.

Quercia's Thätigkeit ist nicht auf seine Vaterstadt beschränkt; er war auch für Lucca hervorragend thätig und verbrachte den Schluß seines Lebens in Bologna, wo er den Schmuck des Hauptportals von S. Petronio arbeitete. Quercia's Jugendarbeiten sind nicht mehr erhalten, und selbst die früheste Arbeit, die auf uns gekommen ist, die 1409 begonnene Marmoreinfassung des Wasserbeckens auf dem großen Platz in Siena, ist nur noch in dürftigen Überresten (in der Domopera) vorhanden: lebhaft bewegte Statuen und Relieffiguren der Tugenden sowie die großartigen Kompositionen der Schöpfung Adams und der Austreibung aus dem Paradiese. Während der Künstler an diesem umfangreichen Werke arbeitete, war er auch für Lucca beschäftigt: 1413 entstand das Grabmal der Ilaria del Caretto im Dom (die schöne Gestalt der jungen Toten auf einem Untersatz ruhend, welchen nackte Putten mit Kränzen schmücken); 1416 fertigte Quercia die Grabsteine des Ehepaares Trenta in S. Frediano, und für dieselbe Familie führte er hier den 1422 vollendeten Marmoraltar aus. Der manieriert gotische Charakter der Einzelfiguren dieses Altares sticht auffallend ab gegen die groß empfundenen,

157

lebensvollen Darstellungen der Predella.

Im Jahre 1416 hatte Quercia den Auftrag zum Entwurf des Taufbrunnens in S. Giovanni zu Siena erhalten, dessen Ausführung seiner Leitung unterstellt wurde. Neben der Johannesstatuette auf der Spitze und mehreren kleinen Prophetenfiguren in Relief ist eines der Bronzereliefs, die Ausweisung des Zacharias aus dem Tempel (vollendet 1430), von seiner Hand; unter allen Arbeiten am Taufbrunnen ist es allein dem daneben angebrachten Relief Donatello's in Klarheit und Lebendigkeit der Komposition und in Großartigkeit der Gestalten gewachsen.

Noch vor Vollendung dieser Arbeit wurde Quercia nach Bologna gerufen, wo er zwischen 1425 und 1438 den reichen bildnerischen Schmuck des Hauptportals von S. Petronio ausführte: in der Lünette die großen Freifiguren der Heiligen Petronius und Ambrosius zur Seite der sitzenden Madonna; am Architrav und an der Einrahmung der Thür flache Reliefs aus dem Leben Christi und der Schöpfungsgeschichte; an den Laibungen und am Thürbogen in etwas höherem Relief die kleinen Halbfiguren der Propheten. Von allen Bildwerken des Künstlers sind diese wohl die vorzüglichsten und, mit Einschluß der Freifiguren, auch die am besten durchgebildeten Arbeiten. Alle Vorzüge Quercia's: Reichtum und Großartigkeit der Erfindung, großer und malerischer Aufbau, mächtige Gestalten und stürmische Bewegung sind hier in glücklichster Weise vereinigt. Neben diesen Arbeiten entstanden ein Paar andere Monumente in Bologna, von denen das eine in Bruchstücken im Museo civico, das zweite, ein Grabdenkmal des Rechtsgelehrten Antonio Galeazzo Bentivoglio, sich noch am Bestimmungsort, im Chorumgang von S. Giacomo Maggiore befindet. Die Statuetten an diesem Monument sind den Holzfiguren von Heiligen im Chor von S. Martino zu Siena nahe verwandt;

das Flachrelief, welches den Professor auf dem Katheder vor seinen Zuhörern darstellt, ist wieder von großer Lebendigkeit und feiner malerischer Behandlung.

153A. Weibliche Marmorbüste von Ant. Federighi.

Quercia's Richtung ist eine vom sienesischen Kunstcharakter im Allgemeinen wesentlich verschiedene. Der allmähliche Verfall der Stadt, die schon für Quercia selbst nicht ausreichende Beschäftigung darbot, verhinderte auch die Ausbildung einer seinen Bahnen folgenden Schule. Nur ein Künstler Sienas, A n t o n i o F e d e r i g h i (um 1420 —1490), obgleich schwerlich ein Schüler Quercia's, zeigt sich doch noch wesentlich beeinflußt von ihm und hat ein Stück seines großen Sinnes geerbt. Die reckenhaften Gestalten Quercia's sind bei Federighi zu kräftiger Fülle gemäßigt, seine stürmisch unruhige Bewegung zu kühner Haltung, der stumme, halb befangene, halb mürrische Ausdruck zu frischem kecken Sinn, die tiefen unruhigen Falten der dicken Gewänder zu rundem vollen Faltenwurf; dazu bringt der Künstler einen offenen Sinn und fleißige Beobachtung der Natur und andererseits ein dem Quercia unbekanntes Studium der Antike hinzu. Federighi genügt daher gerade in seinen Statuen und in seiner Dekoration am meisten: unter den drei tüchtigen Figuren von seiner Hand am Casino de' Nobili ist der hl. Ansanus (seit 1456) die wirkungsvollste Statue der sienesischen Kunst; ebenso sind die nackten Statuetten an den beiden Weihwasserbecken im Dom durch ihre kräftige naturalistische Bildung als Arbeiten des Künstlers gekennzeichnet. Der dekorative Teil dieser und ähnlicher Arbeiten ist in gleicher Weise durch die glückliche Verbindung antiker Motive mit feinem Naturstudium und energischer Behandlungsweise ausgezeichnet. Sein Anschluß an die Antike geht gelegentlich so weit, daß man bei der Wahl antiker Motive an antike Herkunft glauben konnte; so gelten der reichverzierte Sockel der Taufkapelle im Dom und eine Bacchusstatuette im Privatbesitz als römische Arbeiten. Die Reliefs am Taufbecken jener Kapelle, die dem Quercia zugeschrieben werden, stehen zwar unter dem Einfluß der gleichen Kompositionen dieses Künstlers, zeigen aber Federighi's geringeres Talent in der Erfindung und im Aufbau. Diese Eigenschaften kennzeichnen auch das Monument Bartoli im Dom.

151. 152. Holzstatuen der Verkündigung von einem Quercia-Schüler.

Von Quercia's Hand hat die Berliner Sammlung noch kein

eigenhändiges Werk aufzuweisen; doch kennzeichnen sich zwei (ursprünglich bemalte) Holzstatuen der Verkündigung von schöner Haltung und edlem Ausdruck (No. 151 und 152) als Arbeiten eines von Quercia beeinflußten, aber schlichter empfindenden Künstlers. Eine ganz ähnliche, jedoch geringere Verkündigungsgruppe in der Collegiata zu S. Gimignano ist nach der Inschrift darauf 1426 vom sienesischen Maler Martino di Bartolommeo ausgeführt. Als ein Werk Federighi's läßt sich wohl mit Sicherheit die Marmorbüste einer jungen Frau bestimmen, welche sich früher im Privatbesitz in Siena befand (No. 153A). Die kecke Wendung des Kopfes, der energische, fast mürrische Ausdruck der individuellen Züge, und andererseits der Anschluß an die Antike im Kostüm, in der Behandlung der Haare, der Augensterne u. s. f. sind ebensoviele charakteristische Merkmale für die Urheberschaft des Federighi. Auch das Reliefporträt eines schielenden Mannes (No. 153), derber noch behandelt wie jene als sienesische Porträtbüste fast alleinstehende Arbeit, ist nach dem ähnlichen Charakter mit Wahrscheinlichkeit dem Federighi zuzuschreiben.

Unter den Bildhauern Sienas ist nur G i o v a n n i   d i S t e f a n o   dem Federighi noch teilweise verwandt und wohl unter seinem Einfluß groß geworden. Das altarartige Tabernakel in S. Domenico (1466) zeigt die kräftige Art der Dekoration und die frischen Engelsgestalten wie in Federighi's Werken; seine Marmorstatue des hl. Ansanus mit dem Krüppel zur Seite, in der Johanneskapelle des Doms (vor 1487), hat noch die kräftigen Formen und die vollen Falten wie die Figuren jenes Künstlers, wenn ihr auch die energische Auffassung und kecke Haltung derselben fehlen. In seinen spätesten Arbeiten, den leuchterhaltenden Bronzeengeln neben Vecchietta's Tabernakel im Dom (seit 1489), schließt sich der Künstler dagegen in den schlanken

Verhältnissen, den schönen Köpfen und zierlichen Falten mehr dem Vorbild Vecchietta's an. — Ein Zeitgenosse Federighi's, der neben ihm in Siena arbeitet, U r b a n o d a   C o r t o n a, ist ein geringer, nüchterner Geselle, obgleich er unter Donatello in Padua gearbeitet hatte. (Reliefs im Dom und in der Loggia de' Nobili.)

154. Marmorrelief der Madonna von einem unbekannten Sienesen.

L o r e n z o   V e c c h i e t t a (um 1412—1480) ist auch in seiner bildnerischen Thätigkeit recht eigentlich der Vertreter der sienesischen Kunst des vorgeschrittenen Quattrocento im Großen und Ganzen. Zu großen Aufgaben nicht berufen und gezwungen, in den verschiedensten Kunstfächern sich zu versuchen, sind die Künstler Sienas im kleinen Kreise und im Kleinen thätig, und erscheinen daher auch klein im Charakter ihrer Kunst. Sind schon die Arbeiten des Goldschmieds T u r i n o   d i   S a n o und seiner Söhne, namentlich des talentvollen G i o v a n n i d i   T u r i n o († um 1454), welche einen wesentlichen Anteil an der Ausführung von Quercia's Taufbrunnen nahmen, neben Quercia's und Donatello's Reliefs nüchtern und kleinlich, so hat auch Vecchietta nichts von der großen

Auffassung, von der reich gestaltenden Phantasie dieser Künstler; sein Streben geht vielmehr, wie in seinen Bildern so in seinen Skulpturen, auf treue und oft ängstliche Wiedergabe der Natur in allen Details, auf sauberste Durchbildung, auf Lieblichkeit der Erscheinung und Innigkeit des Ausdrucks. Galt es eine Einzelgestalt von großem Charakter, eine Komposition von dramatischem Inhalt, so erscheint der Künstler regelmäßig ungenügend und schwächlich; wo aber die Aufgabe seiner Begabung entgegenkam, wo es galt, einen Engelskopf oder eine jugendliche Frauengestalt zu schaffen, oder Scenen frommer Andacht zu schildern, wo Fleiß und Ausdauer zum Erfolge notwendig waren, wie bei der Bronzearbeit, da hat der Künstler Tüchtiges und Reizvolles geleistet. Vecchietta's Statuen des Paulus (1458) und Petrus (1460) an der Loggia de' Nobili erscheinen daher neben Federighi's energischen Gestalten schwächlich und charakterlos; die Bronzestatue Christi auf dem Altar der Spitalkirche und das Marmorrelief mit dem Hieronymus am Eingang der Libreria wirken kleinlich durch die übertriebene Betonung der Details. In der bronzenen Grabfigur des Marino Soccino (jetzt im Bargello zu Florenz) und namentlich in dem 1465—1472 ausgeführten Bronzetabernakel auf dem Hochaltar des Doms zu Siena kommen dagegen seine guten Eigenschaften voll zur Geltung: die Schönheit und der Liebreiz seiner jugendlichen Gestalten, der Geschmack im Aufbau und in der Dekoration, das tüchtige Naturstudium und die Meisterschaft der Durchführung und der Technik in Guß, Ciselierung und Patinierung.

Dem Vecchietta sind eine Reihe jüngerer Künstler, die gleichfalls meist auch als Maler thätig waren, nahe verwandt. So F r a n c e s c o   d i   G i o r g i o (1439— 1502), dessen tüchtigste Arbeiten verschiedene der Bronzeengel neben Vecchietta's Tabernakel sind (1497),

163

holdselige Gestalten von schöner Bewegung und ganz malerisch behandelter Gewandung. Auch N e r o c c i o d i   B a r t o l o m m e o (1447—1500), in seiner Katharinenstatue der Taufkapelle des Domes (1487) dem Federighi und Gio. di Stefano noch nahe, erscheint regelmäßig nüchtern und selbst schwächlich in seinen Gestalten, und in dem Piccolomini-Grabmal im Dom ist er abhängig von Federighi's Monument Bartoli. Ähnliches gilt von G i a c o m o   C o z z a r e l l i (1453—1515), dessen nicht seltene kleinere Thonfiguren von Heiligen in Sto. Spirito, Sa. Caterina u. s. f. von weichen gefälligen Formen und lieblichem Ausdruck sind. Die bildnerische Kunst Sienas, das inzwischen seine politische Selbständigkeit schon an Florenz verloren hatte, erschöpfte sich in solchen vereinzelten kleinen Bildwerken, denen Kraft und Eigenartigkeit der Auffassung, wie Frische der Naturanschauung abgehen. Zu neuem Leben hat sich seitdem die Plastik in Siena nicht wieder erhoben.

Der außerordentliche Aufschwung der Kunst in Toskana weckte schon früh in allen Teilen Italiens das Bedürfnis nach toskanischen Kunstwerken. Wir sahen, wie eine Reihe von Florentiner Bildhauern, darunter auch die tüchtigsten, auf kürzere oder längere Zeit zu den verschiedensten Aufgaben nach dem Norden wie nach dem Süden Italiens berufen wurden; neben den Monumenten, die sie dort schufen, haben sie fast überall den Keim zu einer eigenen lokalen Kunstentwickelung in den Bahnen der Renaissance gelegt, in der sich der Einfluß der florentiner Kunst in verschiedener Weise und mehr oder weniger nachhaltig geltend macht.

Donatello's Thätigkeit für Neapel und sein Aufenthalt in

Rom waren zu kurz und fanden den Boden noch zu wenig vorbereitet; Künstler wie Filarete, der die Petersthüren goß, wie Rosso oder Piero di Niccolo, die schon in den zwanziger Jahren in Verona und Venedig beschäftigt wurden, waren zu unbedeutend, um hier eine nachhaltige Wirkung ausüben zu können. Dies geschah erst durch den zehnjährigen Aufenthalt Donatello's in Padua, der für die Entwickelung der Plastik in ganz Oberitalien bestimmend wurde und dadurch (bei dem Wandertrieb der lombardischen Bildhauer) auch auf die mittel- und süditalienische Kunst nicht ohne Einfluß blieb. Seine damalige Richtung, seine Art der Thätigkeit hier wurden grundlegend für seine Nachfolger. Die Aufgaben, die ihm in Padua gestellt wurden, waren umfangreiche und schwierige Bronzearbeiten; sie erforderten Künstler, die nach den Skizzen des Meisters die Modelle in Thon herstellten, erforderten andere Künstler zum Guß und zur Ciselierung. Donatello hatte dafür verschiedene junge Bildhauer, die uns namhaft gemacht werden, aus Toskana mit sich gebracht, zog aber bei dem Umfang und der langen Dauer seiner Arbeiten auch Künstler aus Padua und der Nachbarschaft zu seiner Beihülfe heran. So bildete er hier in den zehn Jahren seiner Anwesenheit eine so große Werkstatt aus, wie sie bis dahin in Italien, selbst in Florenz kein Künstler gehabt hatte; eine Werkstatt, welche nach Donatello's Rückkehr nach Florenz umfangreich und selbständig genug war, um Padua selbst als Mittelpunkt bildnerischer Thätigkeit für Oberitalien zu erhalten, und um von hier aus nach den verschiedensten Seiten, namentlich über Oberitalien, durch die in dieser Werkstatt gebildeten Künstler die Kunstrichtung Donatello's zu verbreiten und der Renaissance dadurch dauernden Eingang zu verschaffen. Daß dieses so rasch und gründlich geschah, dafür gebührt freilich das Hauptverdienst nicht einem Bildhauer, sondern dem Maler Andrea Mantegna, dessen Lehrzeit bei dem untergeordneten Squarcione und dessen erste Thätigkeit in Padua gerade zusammenfällt mit der Zeit von Donatello's Aufenthalt daselbst.

Der Paduaner Bildnerschule ist der Charakter der späteren Werke Donatello's auf's schärfste aufgeprägt. Die einseitige Richtung auf das Charakteristische und Natürliche, die struktive Bildung der Gestalten ohne Rücksicht auf gefällige Erscheinung, ja selbst mit Vernachlässigung derselben, die eng anliegende Gewandung, in welcher der Körper möglichst stark zur Geltung kommt, und die malerische Behandlungsweise der kleinen knitterigen Falten, die Vorliebe für die Ausführung in Bronze und die dadurch bedingte Modellierung in Thon sind die hervorstechenden Eigenschaften, welche den Paduaner Skulpturen des späteren Quattrocento und teilweise der gesamten oberitalienischen Plastik eigentümlich sind. Freilich, die Unmittelbarkeit der Naturanschauung und die dramatische Gestaltung konnten diese Künstler dem großen Meister nicht absehen; die Gefahr, die künstlerische Formensprache desselben zu übertreiben und zu veräußerlichen, sie zur Karikatur zu machen, lag daher bei diesen Nachfolgern Donatello's besonders nahe, und dieser Gefahr haben keineswegs alle die Kraft eigener künstlerischer Empfindungsart mit Erfolg entgegensetzen können.

163. Portallünette von Bellano (?).

Unter Donatello's Gehülfen am Hochaltar für den Santo war der tüchtigste G i o v a n n i   d a   P i s a. Von ihm ist der Altar in der von Mantegna und anderen Schülern Squarcione's ausgemalten Kapelle der Eremitani erhalten: die Madonna thronend zwischen sechs Heiligen, in der Predella die Anbetung der Könige, im Fries und Aufsatz spielende Putten; in Thon im Relief gebildet, trotz des dicken modernen Anstrichs noch jetzt von großem Reiz durch die Lebendigkeit der Komposition, die Frische und Natürlichkeit der Gestalten.

* Bronzestücke von Riccio, Bellano u. A.

Ein jüngerer Schüler, der von Donatello auch in Florenz (und Perugia) beschäftigte Paduaner B a r t o l o m m e o B e l l a n o (um 1430—1498), von Haus aus weniger begabt, zeigt sich gelegentlich schon sehr manieriert. In dem großen Marmorgrab des A. Rouzelli († 1466) im Santo folgt er mit geringem architektonischen Sinn dem Vorbild des Marzuppini-Monuments. Die gleichen Schwächen im Aufbau hat der Wandaltar in der Sakristei, während hier das große Flachrelief in der Lünette mit der Darstellung des

167

Wunders vom gläubigen Esel eine lebendige freie Nachbildung der gleichen Darstellung Donatello's am Hochaltar ist. Wie wenig das Talent des Künstlers sonst für große dramatisch bewegte Kompositionen ausreicht, beweisen die Bronzereliefs an den Chorschranken des Santo (1484—1488) mit zahllosen ungeschickt gehäuften puppenartigen Figuren von schlechten Verhältnissen und in verfehltem Hochrelief. In die letzte Zeit seiner Thätigkeit fallen ein Paar große Grabmonumente, beide aus umfangreichen Bronzetafeln zusammengesetzt: das des Paolo und Angelo de Castro in den Servi (1492), und das des Pietro Roccabonella in S. Francesco, über dessen Vollendung der Künstler hinstarb. Ersteres ist lebendig in den beiden Reliefporträts, aber unglücklich im Aufbau und in den Verhältnissen; letzteres lehnt sich in den beiden ganz bildartigen Tafeln an venezianische Gemälde eines Bellini an; in den tüchtigen Einzelfiguren ist es noch unter dem Einfluß von Donatello's Statuen am Hochaltar.

Von der Madonna am Grabmal de Castro, die sich als genreartige Umgestaltung von Donatello'schen Madonnenkompositionen seiner Paduaner Zeit charakterisiert, besitzt die Berliner Sammlung das Thonmodell (No. 156A). Ein zweites Thonrelief der Madonna steht dem Donatello noch besonders nahe (No. 156B). Von einer anderen größeren Madonnenkomposition mit anmutigem genrehaften Charakter befindet sich in der Sammlung ein alter Thonabdruck nach dem Marmororiginal in italienischem Privatbesitz (bezeichnet und datiert 1461, No. 155A). Ein Paar ähnliche Madonnen des Künstlers findet man in den Eremitani zu Padua, wo auch im Privatbesitz verschiedene größere Darstellungen der Beweinung Christi in bemaltem Thon erhalten sind, herbe, aber ausdrucksvolle Kompositionen. In Venedig gehört dem Künstler augenscheinlich das dort besonders energisch erscheinende Evangelistenrelief rechts vom Hauptportal von S. Zaccaria; auch die Reliefs an den Chorschranken in den Frari verraten deutlich seinen Charakter.

Dem Bellano ist G i o v a n n i M i n e l l o nahe verwandt, dem urkundlich ein Paar Thonstatuen im Museo civico zu Padua angehören, nach deren Verwandtschaft wohl auch die reichen, in ihrer alten Bemalung noch sehr wirkungsvollen Wandaltäre an der inneren Eingangswand der Eremitani dem Minello zuzuschreiben sind; Arbeiten aus dem letzten Viertel des Quattrocento, deren Einzelfiguren voller und schöner erscheinen als die Bellano's und deren reiche Ornamente schon den feinen Naturalismus und die zierliche Bildung der gleichzeitigen venezianischen Monumente zeigen. In besonders reicher, phantastischer Ausbildung kehrt dieselbe Ornamentik an der berühmten von Minello begonnenen Marmorkapelle des Santo wieder.

*Bronzestatuetten von Bellano, Sansovino (?) u. A.

Diese Abschwächung Donatello'scher Traditionen durch den schlichten, auf das Malerische gerichteten Naturalismus, wie er sich in Venedig in den letzten Jahrzehnten des Quattrocento ausbildete, und durch einen engeren Anschluß an die Antike, namentlich in der Gewandung und in den Motiven, tritt noch stärker bei dem jüngsten Künstler dieser Richtung hervor, bei A n d r e a B r i o s c o gen. R i c c i o (der »Krauskopf«, 1470— 1532). In ihm erreicht die Paduaner Gießhütte ihre höchste und mannigfaltigste Entwickelung. Riccio ist auch im Großen thätig gewesen. In S. Canziano zu Padua befindet sich eine Pieta aus bemaltem Thon nebst verschiedenen Statuetten, zu denen ursprünglich auch die edel empfundenen Halbfiguren von Maria und Magdalena im Museo civico gehörten (1530). Der Dom von Treviso besitzt von ihm die anmutige Marmorstatue eines hl. Sebastian (1516). Das Wandgrab des Ant. Trombetta an der Eingangswand im Santo zu Padua zeigt in einer Einrahmung von zierlichem Steinmosaik die individuelle und meisterhaft durchgearbeitete Bronzebüste des Verstorbenen (1522). Als freistehender Sarkophag mit zierlichen Ornamenten ist das Grabmal Torriani in S. Fermo zu Verona gestaltet, dessen Bronzen jetzt im Louvre sich befinden. In beiden Monumenten verrät sich im Aufbau wie in der Dekoration der Kleinkünstler, der für die Prachtmöbel der Kirchen wie der Paläste zu modellieren gewohnt war. In der That liegt die Begabung und Bedeutung des Künstlers recht eigentlich nach dieser Seite, und bei dem rasch wachsenden Wohlstand in Venedig konnte sein Talent die reichste Bethätigung nach dieser Richtung finden. Kleinere Kirchenmöbel wie Einrichtungsgegenstände des Hauses, soweit sie für Bronzeausführung geeignet waren, sind in größter Mannigfaltigkeit und reicher Zahl aus seiner Werkstatt hervorgegangen und finden sich heute noch vereinzelt in den Kirchen und Sammlungen von Padua (vor Allen der berühmte große Kandelaber im Santo, ausgeführt zwischen 1507 und 1516) und Venedig, namentlich aber in den Sammlungen des Auslandes. Kleine Altäre und Tabernakel, Kandelaber, Leuchter, Lampen und Vasen, Mörser und Glocken, Kästchen und Tintefässer, Kußtafeln für die Hausandacht, Hutagraffen, Schwertgriffe und ähnliche Gegenstände sind noch jetzt in großer Zahl erhalten, teils vollständig, teils in ihren einzelnen Täfelchen (Plaketten, vergl. S. 123). Frisch und phantasievoll in der Erfindung, zeigen sie den feinsten Geschmack in der Ausführung: zweckentsprechend und zierlich in der Form, elegant in der Dekoration sind sie in ihrem figürlichen Schmuck, namentlich den kleinen Reliefs, die mit großer Vorliebe daran angebracht sind, auf der Höhe der großen Plastik, ja derselben in mancher Beziehung überlegen. In der Unterordnung unter die Zwecke des Möbels, in der Wahl des Reliefstils, in der Einordnung in den Raum sind diese Darstellungen ihrer Mehrzahl nach ebenso ausgezeichnet, wie in der klaren Komposition, in der lebendigen Erzählung, in der Meisterschaft der Durchführung und in einer im Kleinen wahrhaft großen Auffassung. Ähnliche Vorzüge haben auch die Statuetten und kleinen Gruppen des Künstlers, die gleichfalls in größerer Zahl erhalten sind.

* Plaketten von Riccio, Ulocrino, Moderno, Caradosso (?)
u. A.

Der Anklang, den Riccio's Arbeiten fanden, führte eine Reihe anderer Künstler, namentlich Goldschmiede und Medailleure, zur Nachfolge. Zumeist waren auch sie in Padua thätig oder doch hier ausgebildet; ihre zahlreichen Arbeiten sind leider der Mehrzahl nach namenlos oder mit Beinamen und Monogrammen versehen, deren Entzifferung noch unsicher ist. Hier seien nur einige der tüchtigsten namhaft gemacht. Stolz auf seine Nachbildungen der Antike zeichnet der Eine sich A n t i c o (Pier Jacopo Alari-Bonacolsi, 1460—1528); ein Anderer, Riccio nahe verwandt, giebt sich im Bewußtsein seiner künstlerischen Selbständigkeit den Beinamen M o d e r n o ; ein Dritter prunkt mit seiner Kenntnis der alten Sprachen in dem Pseudonym U l o c r i n o (»Krauskopf« also gleichbedeutend mit »Riccio«, der sich vielleicht hinter jenem Beinamen versteckt). Ein Künstler, den man (wohl irrtümlich) für den am päpstlichen Hofe viel beschäftigten

172

Mailänder C a r a d o s s o hält, ist durch kräftige
Bildung seiner Gestalten und dramatische Auffassung
ausgezeichnet; der J o . F . F . zeichnende Künstler, in
dem man bisher (wohl mit Unrecht) den Florentiner
Steinschneider G i o v a n n i d e l l e C o r n e o l e
vermutet hat, ist schlanker und gefälliger in seinen Figuren,
aber ein ebenso geschickter, echt Paduaner Komponist und
Erzähler. In dem Vicentiner Steinschneider V a l e r i o
B e l l i , dessen überschlanke antikisierende Figuren und
dessen nüchterne Kompositionen schon den vollen
Charakter der Hochrenaissance haben, erreicht diese
reizvolle Gattung der italienischen Kleinkunst ihren
Abschluß. In ähnlicher Richtung bewegt sich die Kunst des
Medaillengusses, die gleichzeitig und zum Teil von
denselben Künstlern ausgeübt wird und als eine der
stilvollsten Bethätigungen der Porträtdarstellung in der
italienischen Kunst sich darstellt.

* Plaketten von Riccio, Ulocrino, Moderno u. A.

Wie das Berliner Museum im Münz- und Medaillenkabinet eine besonders reiche und vollständige Sammlung der italienischen Medaillen von Vittor Pisano bis auf die beiden Leoni besitzt, so hat die italienische Abteilung der christlichen Plastik auch die reichhaltigste Sammlung von Plaketten aufzuweisen, von denen einige besonders charakteristische Stücke der tüchtigsten Meister nebenstehend in Abbildung wiedergegeben sind. Einige vollständige Tintefässer, Lampen, Kußtafeln u. s. f. erläutern die Art der Verwendung dieser kleinen Bronzetafeln. Auch von kleinen Bronzestatuetten und Gruppen besitzt das Museum eine reichhaltige wertvolle Sammlung, zu welcher der Grund erst kürzlich durch den Ankauf der Falcke'schen Sammlung aus London gelegt wurde. Es sind darin R i c c i o (besonders zahlreich), B e l l a n o , B e r t o l d o und unter den jüngeren C e l l i n i und G i o . d i B o l o g n a gut vertreten sind (vergl. die Abbildungen auf S. 123 und 125).

Die Künstler der Padua benachbarten Städte erscheinen in unmittelbarster Weise von Padua aus beeinflußt. In Mantua ist das geschmackvolle Grabdenkmal des Andrea Mantegna in S. Andrea, mit der edlen Bronzebüste vor einer Porphyrplatte, wahrscheinlich ein Werk des G i a n m a r c o C a v a l l i (geb. um 1450). Von dem als Gegenstück entstandenen Denkmal, dem Monument des Karmelitergenerals und Dichters G. Spagnoli, besitzt die Berliner Sammlung die ausdrucksvolle Bronzebüste (No. 160D), eine treffliche Arbeit von herber Individualität. Als Modell für ein anderes Denkmal desselben Mannes entstand gleichzeitig, vielleicht von der Hand desselben Künstlers, die große Halbfigur in Holz in der Bibliothek zu

Mantua. Die Berliner Sammlung besitzt noch eine zweite große Bronzebüste eines berühmten Mantuaners (No. 140), den Markgrafen Lodovico III. Gonzaga als bejahrten Greis; nach der außerordentlich fleißigen und vollendeten Durchführung, der künstlichen grünen Patina und den in Silber eingesetzten Augen wohl die Arbeit eines Goldschmieds vom Ende des Quattrocento.

* Plaketten von Riccio, Meister IO. F., V. Belli u. A.

In Ferrara sind die wenigen erhaltenen plastischen Arbeiten dieser Zeit von ausgesprochen Paduanischem Charakter. Als Altarschmuck des Domes entstand das Krucifix zwischen den Figuren der Maria und des Johannes, mit den Heiligen Mauritius und Georg zur Seite (1453—1466), überlebensgroße Bronzefiguren, welche die beiden Florentiner B a r o n c e l l i , Vater und Sohn, angefangen hatten und die der Paduaner Donatello-Schüler D o m e n i c o   d i   P a r i s vollendete: ernste und

175

tüchtige Gestalten, nach dem Vorbilde der Donatello'schen Figuren auf dem Hochaltar des Santo, aber etwas starr und im Charakter getriebener Arbeiten. Breiter und freier behandelt sind (neben kleineren Arbeiten des Künstlers, die in Ferrara zerstreut sind) Domenico's Stuckdekorationen eines Saales im Palazzo Schiffanoja, die Gestalten der Tugenden und Putten, die in ihren mageren, schlanken Körpern, ihren kleinen Köpfen, den herben Zügen, den unruhigen Falten der am Körper anklatschenden Gewänder die Abkunft von Donatello deutlich verraten und die engste Verwandtschaft mit den ferraresischen Gemälden zeigen. Eine sehr bezeichnende Arbeit dieser Art in der Berliner Sammlung ist die fein empfundene Maria in Anbetung des schlafenden Kindes (No. 155), welche sich in dem großen Altarbilde von Cosma Tura in unserer Galerie fast treu wiederholt findet.

160D. Bronzebüste des G. Spagnoli von Gianmarco Cavalli (?).

Auch nach Bologna erstreckt sich noch der Einfluß der Paduaner Kunst. Quercia's langjährige Thätigkeit hatte hier keine unmittelbare Nachfolge gefunden; das Grabmal Fava († 1439) im Chorumgang von S. Giacomo Maggiore ist nur eine geistlose Nachahmung von Quercia's Grabmal

Bentivoglio, wohl von der Hand eines seiner Gesellen. Erst zwanzig Jahre nach Quercia's Tode tritt wieder ein Künstler von ausgesprochener Eigenart in Bologna auf, einer der tüchtigsten und originellsten Bildhauer des Quattrocento, der Süditaliener N i c c o l o d e l l ' A r c a († 1494). Das erste datierte Werk, das Monument mit dem bemalten Reiterrelief des Annibale Bentivoglio in S. Giacomo Maggiore (vom Jahre 1458), ist noch ziemlich nüchtern und unbedeutend. Erst der Aufsatz auf der Arca des hl. Dominicus in S. Domenico, an dem der Künstler seit 1469 arbeitete, gab Niccolo Gelegenheit, seine Eigenart voll auszubilden und aufs Vorteilhafteste zur Geltung zu bringen. Phantastisch in Marmor aufgebaut, mit reichem Pflanzenschmuck von vollendet naturalistischer, zierlichster Durchbildung, ist dieses Denkmal auch in seinen Statuetten von Heiligen und Propheten, die ringsum angebracht sind, von so frischem Naturalismus, die Figuren sind so keck und frei in Haltung und Ausdruck, so malerisch in dem reichen Zeitkostüm mit den vollen Falten, daß hier das Vorbild Quercia's unverkennbar ist. Der köstliche lockige Engel links zur Seite des Marmorschreins ist lange als ein Meisterwerk Michelangelo's bewundert worden, dessen eigene Arbeit unbeachtet diesem Engel gegenüber stand.

Ein zwischen der Arbeit an diesem umfangreichen Werk ausgeführtes großes Madonnenrelief aus Thon an der Fassade des Palazzo Apostolico (1478) ist in der überreichen, ganz an Quercia gemahnenden Gewandung nicht von gleichem Reiz wie der in ganz eigener Weise in Bronze und Marmor gearbeitete Grabstein Garganelli († 1478) im Museo Civico zu Bologna. Ein aus Bologna stammendes Thonrelief der Madonna, die von Cherubim hochgetragen wird, Kolossalfiguren in Thon mit alter Bemalung im Besitze der Berliner Sammlung (No. 191A), ist zwar nicht auf Niccolo selbst zurückzuführen, zeigt aber in ihrer schlichten

Naturbeobachtung, namentlich im Kind, Verwandtschaft
mit den frühesten Werken dieses Künstlers.

191A. Madonna in bemaltem Thon von einem Bologneser
Meister um 1460.

Mit Niccolo tritt in Bologna ein Mantuaner Meister um die
siebziger Jahre in die Schranken, S p e r a n d i o (um
1425—1500), über dessen groß empfundenen und breit und
derb behandelten Medaillen seine selteneren, meist in Thon
ausgeführten großen Bildwerke bisher vergessen waren. Von
seiner Hand ist der Unterbau des Grabmals Papst
Alexanders V. in San Francesco, die Flachreliefs mit den
Gestalten der Tugenden und die Statuetten der Madonna
zwischen zwei Heiligen über der Grabfigur (vollendet 1482);
flüchtige Arbeiten, die in den mageren Figuren und den
knitterigen Falten ihre Herkunft aus der Paduaner Werkstatt
Donatello's nicht verleugnen. Ebenso stark, aber in
vorteilhafter Weise verrät sich dieser Einfluß auch in dem
reich dekorierten Portal der Chiesa la Santa, mit kräftigen
Puttengestalten zwischen ganz Donatello'schen
Ornamenten. Am günstigsten erscheint Sperandio in der

Porträtdarstellung; wie in den kleinen Reliefporträts seiner Medaillen, so auch in den großen Thonbüsten vornehmer und gelehrter Bolognesen, die sich noch vereinzelt im Privatbesitz erhalten haben; Arbeiten von einfacher, aber überraschend lebensvoller Auffassung und breiter, derber Wiedergabe der Persönlichkeit.

In der jüngeren Generation der Bologneser Bildhauer, unter denen V i n c e n z o   O n o f r i der namhafteste ist, schwächt sich die Frische und Kraft des Naturalismus eines Niccolo dell' Arca und Sperandio mehr und mehr zu einer mehr schüchternen, zuweilen selbst schwächlichen Auffassung und sauberer und zierlicher Behandlungsweise ab. Ihre Arbeiten sind den Werken der gleichzeitigen Maler: der Costa, Aspertini, Francia u. s. f. aufs engste verwandt. Das Grabmal Nacci in S. Petronio, ein Jugendwerk des Onofri, die Büste des Beroaldus in S. Martino Maggiore (1504) und der farbige Altar mit dem Relief der Madonna zwischen Heiligen und Engeln in den Servi (1503), beide gleichfalls von Onofri, ein Professorengrab im Kreuzgang von S. Martino Maggiore (1503) und ein dem F r a n c e s c o   F r a n c i a zugeschriebenes Marmorporträt des Giov. Bentivoglio II. in S. Giacomo Maggiore, in flachem Relief ausgeführt (1497), sind charakteristische und gute Arbeiten dieser Richtung, aus der auch das Berliner Museum ein Hauptwerk besitzt (No. 191): die in ihrer feinen Bemalung erhaltene Büste eines vornehmen Bolognesen. Sie gilt von Alters her als Arbeit des Fr. Francia, dessen gemalten Bildnissen sie in der That nahe verwandt ist.

In dem Kirchlein Sa. Maria della Vita zu Bologna ist eine große Gruppe der Beweinung Christi versteckt, als deren Urheber erst neuerdings N i c c o l o   d e l l '   A r c a erkannt worden ist. Obgleich am falschen Platze und in schlechter Beleuchtung, entstellt durch dicken braunen

Anstrich und schlechte Restaurationen, namentlich der Hände, ist diese Gruppe doch noch von überraschender, freilich teilweise entschieden abschreckender Wirkung. In verzweifeltem Schmerz umstehen die Verwandten den Leichnam des Herrn, die Frauen laut schreiend und in Verzweiflung sich über den Leichnam werfend oder ohnmächtig daneben zusammensinkend. Die zufällige Zusammenstellung dieser großen Freifiguren zu einer Gruppe, die volle naturalistische Durchbildung derselben, welche soweit geht, daß die meisten Figuren sogar im Zeitkostüm auftreten, steigert den übertriebenen Ausdruck des Schmerzes bis zu einem widerwärtigen Eindruck der Natürlichkeit und des Augenblicklichen (vgl. S. 132f.). Aber gerade durch diese Eigenschaften, in Verbindung mit der Bemalung und Aufstellung in Nischen, scheinen diese und ähnliche regelmäßig in Thon ausgeführte Gruppen einen außerordentlichen Anklang gefunden zu haben. Wenigstens fand Niccolo in dem Modenesen G u i d o   M a z z o n i (um 1450—1518) einen Nachfolger, der seine Thätigkeit fast ausschließlich auf solche Gruppen der Beweinung des Leichnams Christi, Krippen u. s. f. beschränkte und damit in den verschiedensten Teilen Italiens den größten Erfolg hatte und selbst in das Ausland berufen wurde. Einfacher und weniger dramatisch in der Auffassung als Niccolo dell' Arca, wählt er seine Modelle mitten aus dem Volk und geht in der naturalistischen Wiedergabe derselben bis auf ihre Tracht und alles Beiwerk in der völlig genreartigen Behandlung seiner biblischen Motive noch über sein Vorbild hinaus, so daß nur seine biedere, ernste Auffassung eine lächerliche oder abschreckende Wirkung dieser Gruppen verhindert. Die früheste derselben, die große Gruppe der Beweinung in S. Giovanni decollato zu Modena (1477—1480), ist wohl seine tüchtigste und sorgfältigste Arbeit; sie wirkt weit weniger banal als die Anbetung des Kindes in der Krypta des Domes oder wie die sehr ungünstig aufgestellte

Gruppe der Beweinung Christi in der Chiesa di Montoliveto zu Neapel. Nach Neapel wurde der Künstler 1491 berufen und führte hier wahrscheinlich auch die einfache, lebensvolle Bronzebüste des Königs Ferrante im Museo Nazionale aus. Die Beweinungsgruppe in S. M. della Rosa zu Ferrara ist der Gruppe in S. Giovanni zu Modena nahe verwandt, wenn auch nicht gewachsen. — Das Berliner Museum besitzt, als einziges Stück seiner Hand außerhalb Italiens, das Bruchstück einer solchen Gruppe: den Kopf eines Stifters, ernst und schlicht in der Auffassung, treffend lebensvoll auch in der unberührten alten Bemalung.

Guido's Gruppen haben in Modena im Cinquecento eine klassische Weiterbildung durch Begarelli erhalten (S. 167); sie haben aber noch zu seiner Zeit Nachahmer gefunden, namentlich in der Lombardei, deren Arbeiten in erster Linie auf unmittelbare Wirkung auf die Andacht berechnet und daher regelmäßig an Wallfahrtsorten oder an wunderthätigen Altären aufgestellt waren.

Auch die bildnerische Kunst der Lombardei zeigt den Einfluß des Quattrocento, in die Bahnen der Renaissance einlenkte. Freilich waren schon vorher an verschiedenen Orten florentiner Künstler thätig gewesen. Der Mitarbeiter Donatello's bei der Statue am Campanile in Florenz, G i o v a n n i   B a r t o l o gen. R o s s o , errichtete in S. Fermo zu Verona schon bald nach dem Jahre 1420 jenes imposante Wandgrab der Familie Brenzoni mit dem Hochrelief der Auferstehung, dessen kräftige Gestalten einen frischen Realismus zeigen, der aber von gotischen Traditionen noch nicht frei ist. Den gleichen Charakter hat das Monument des Cortesia Sarego in Sa. Anastasia (1432), mit der energischen Reiterfigur des Feldherrn zwischen seinen Knappen; und in derselben Kirche besteht der

Wandschmuck der Capella Pellegrini aus einer Folge von Thonreliefs aus dem Leben Christi, welche etwa gleichzeitig von einem florentiner Künstler im ähnlichen Übergangsstile ausgeführt wurden (vgl. S. 51). Aber diese Arbeiten fremder Künstler fanden keine Nachfolger unter den heimischen Bildhauern. Ähnlich war es in Mailand. Donatello's Schüler und Mitarbeiter M i c h e l o z z o war hier seit 1456 thätig. Seine Bauten, die er für die Vertreter des Bankhauses Medici, für die Portinari errichtete, sind mit dekorativen Skulpturen verziert, welche in ihren Putten und Fruchtkränzen den Charakter seiner von Donatello abhängigen, aber etwas schwerfälligen und wenig belebten Plastik zeigen, dabei aber auch schon dem lokalen Geschmack in Anordnung, Kostümen u. s. f. Rechnung tragen. Dies gilt sowohl für das Portal der Mediceerbank (jetzt in der Brera) wie für die Pilaster und die Kuppelverzierungen der Cappella Portinari in S. Eustorgio (Engel mit Kränzen). Aber auch in Mailand setzt an diese Arbeiten nicht unmittelbar und nicht direkt eine lokale Kunstthätigkeit an; wie in Verona haben solche florentiner Bildwerke zweifellos später anregend gewirkt, aber sie waren nur ein Moment bei der Belebung der einheimischen Renaissanceplastik in der Lombardei und nicht das entscheidende.

Der Charakter der lombardischen Skulptur, die bald nach der Mitte des Jahrhunderts an verschiedenen Orten in sehr verwandter, scharf ausgeprägter Weise gleich mit zahlreichen und umfassenden Werken auftritt, weist vor Allem auf den Einfluß der Paduaner Schule Donatello's, den die fahrenden comaskischen Steinmetzen und Bildhauer aus Padua und Venedig in die Heimat zurückbrachten. Die den lombardischen Bildwerken eigentümlichen hageren, sehnigen Gestalten, der unruhige, knitterige Faltenwurf der am Körper anklatschenden Gewänder, das Streben nach dramatischer Schilderung figurenreicher Darstellungen und nach starkem Gefühlsausdruck entspricht ganz der Paduaner Kunst, Aber eine ungenügende Kenntnis der Natur und eine meist oberflächliche Durchführung lassen diese Arbeiten nur ausnahmsweise zu voller künstlerischer Reife gelangen; im Ausdruck sind sie in der Regel schwächlich oder verzerrt, in der Formenbildung übertrieben und karikiert, in der Anordnung überhäuft. Die Freude an bilderischem Schmuck, einmal belebt, ist alsbald wieder eine so große und allgemeine, daß die Künstler das Innere und Äußere der Gebäude damit bedecken und, da sie Architekten und Bildhauer zugleich sind, ihren höchsten Triumph darin suchen, die architektonischen Formen in Bildwerke geradezu aufzulösen. Dabei ist die Vorliebe für kleine Figuren, für die Häufung zahlreicher Scenen und Figürchen, für die Ausführung in Holz, wo es der Platz erlaubte, und für reiche Bemalung und Vergoldung offenbar durch die Berührung mit der deutschen Kunst, wenn nicht angeregt, so doch wesentlich gefördert; denn diese Eigenschaften sind in den der deutschen Grenze benachbarten Orten am stärksten ausgeprägt. Keine andere Provinz von Italien ist so reich an Skulpturen dieser Zeit; aber kaum an einem anderen Platze sind dieselben so wenig unterschieden, drücken so wenig die Individualität ihrer Meister aus, wie gerade in der Lombardei. Die Künstler lassen sich an der dekorativen Wirkung ihrer Bildwerke genügen; daher fehlt es denselben an absolutem künstlerischen Wert und an dem Reiz der künstlerischen Eigenart. Andererseits hat aber gerade die neu belebte Lust am Bauen und Meißeln, welche schon im XII. und XIII. Jahrh. die Steinmetzen der Lombardei, namentlich aus Como und Umgebung, ihren Weg durch ganz Italien finden ließ, auch jetzt wieder zahlreiche Lombarden als fahrende Künstler über die Grenzen ihrer Heimat hinausgetrieben, und sich in den meisten Provinzen Italiens, außerhalb

Toskanas, wie als Architekten so auch als Bildhauer bethätigen lassen. Unter ihnen sind einzelne Künstler, dank der Berührung mit der fremden Kunst, von einer Bedeutung, wie sie keiner der lombardischen Bildhauer in der Heimat besitzt. Gerade hierin liegt auch in dieser Periode die hervorragende Bedeutung der lombardischen Skulptur.

Der Baueifer einzelner Tyrannen, namentlich der Visconti und Sforza, sowie des Condottiere Colleoni, der ihnen darin nacheiferte, bot den Bildhauern der Lombardei Gelegenheit, sich in ihrer Kunst nach Herzenslust in unerhörter Pracht zu zeigen. Die Certosa bei Pavia, deren Bau und Ausstattung fast ganz in diese Zeit fallen, hat in zierlicher Eleganz der Arbeit, in Pracht des wertvollen prunkenden Gesteins nicht ihres Gleichen in Europa; der Mailänder Dom erhielt jetzt seine graziöse Kuppel, die mit einem Wald von zierlichen Marmorpfeilern umkleidet wurde, den Tausende von kleinen und großen Statuen schmücken; und Bartolommeo Colleoni ließ für sein und seiner Tochter prunkendes Grabmal neben S. M. Maggiore in Bergamo, deren Fassade er hatte erbauen lassen, eine Kapelle aus farbigem Marmor herstellen, die ein wahrer Schmuckkasten reichster und sauberster Renaissancearbeit ist. Die hervorragendsten Künstler dieser Bildwerke, Baumeister zugleich, sind anfangs C r i s t o f o r o M a n t e g a z z a († 1482) und sein Bruder A n t o n i o M a n t e g a z z a († 1493). G i a n a n t o n i o A m a d e o (1447—1522), der für Bart. Colleoni jene Grabkapelle arbeitete und die Monumente darin errichtete, ist (seit 1477) ihr Nachfolger am Bau der Certosa und übernimmt 1499 die Leitung des Dombaues in Mailand. An beiden Orten entstehen gleichzeitig zahlreiche Statuen und Monumente in seiner Werkstatt, denen sämtlich mehr oder weniger der herbe, oft karikierte Charakter der Figuren, der unruhige Faltenwurf, die Überfüllung mit Motiven und kleinen Figuren innewohnt, der auch die Arbeiten der beiden Mantegazza kennzeichnet.

Das früheste bisher nachweisbare Werk lombardischer Renaissance ist die Fassade der Taufkapelle im Dom von Genua, von D o m . und E l i a G a g i n i und G i o v a n n i d a B i s s o n e seit 1448 ausgeführt. Später und weicher sind die Arbeiten des A n t . T a m a g n i n i und P a c e G a g i n i im Pal. San Giorgio ebenda; herber und eckiger die Bildwerke, mit denen namentlich T o m m a s o R o t a r i während seiner Leitung des Dombaues in Como (1487—1526) die Kirche innen und außen geschmückt hat. Ein Altersgenosse, V i n c e n z o F o p p a gen. C a r a d o s s o (um 1445—1527), der als Goldschmied und Stempelschneider später am Hofe der Päpste Jahrzehnte lang beschäftigt war, hat in Mailand als Gehülfe Bramante's bei der Ausschmückung der Sakristei von S. Satiro in den Thonreliefs mit spielenden Putten, welche Medaillons mit Charakterköpfen umgeben, Werke von reinerem plastischen Gefühl und lebensvollerer Durchbildung geschaffen, welche das Studium Donatello'scher Arbeiten verraten (um 1488). In der wohl früher entstandenen großen Freigruppe der Beweinung Christi in derselben Kirche (wenn mit Recht ihm beigemessen?) verfolgt er die Richtung des G. Mazzoni in stilvoller, größerer Weise. Von den jüngeren Künstlern haben T o m m a s o C o z z a n i g o und A n d r e a F u s i n a in den Mailändischen Kirchen eine Anzahl kleinerer Grabmonumente hinterlassen, die durch ihre Beschränkung, durch feines Gefühl für Verhältnisse und zierliche Dekoration vor jenen älteren Monumenten wie vor den weit berühmteren Denkmälern ihrer Zeitgenossen C r i s t o f o r o S o l a r i und A g o s t i n o B u s t i gen. B a m b a j a (1480—

1548) weitaus den Vorzug verdienen. Namentlich in Bambaja artet die Zierlichkeit der Arbeit, selbst in seinem Hauptwerke, dem Grabmal des Gaston de Foix (jetzt in einzelnen Teilen in den Museen von Mailand, Turin, London u. s. f.) gar zu leicht in Zuckerbäckerwerk, die Eleganz der schlanken Figürchen mit ihren Gewändern mit zahllosen kleinen Parallelfalten in leere Manier, die Lieblichkeit der Köpfe in süßliche Ziererei aus. Der Künstler, der jünger ist als die meisten Bildhauer der Hochrenaissance und sie zum großen Teil überlebt, hat daher auch nicht die Kraft gehabt, aus der manierierten Weiterbildung der lombardischen Frührenaissance in die Bahnen der Hochrenaissance voll einzulenken.

Das Berliner Museum besitzt verschiedene lombardische Bildwerke dieser Zeit. Ein Marmorrelief der Caritas (No. 208A) ist ein bezeichnendes Werk eines der Künstler der Fassade der Johanniskapelle im Dom zu Genua; ein Profilporträt in Marmor ist eine charakteristische Arbeit des C. Solari (No. 201); und unter mehreren Bruchstücken bemalter Holzaltäre ist namentlich eine Scene aus dem Leben des hl. Bernhard (No. 199) eine besonders gute Arbeit dieser Art.

Die Plastik Venedigs erhält die entscheidende Anregung zu einer neuen Entwickelung gleichfalls von Padua; namentlich durch den von der Republik bevorzugten Bellano, von dessen Thätigkeit in Venedig wir leider noch keine genügende Vorstellung haben (vgl. S. 122 f. Ein Denkmal dieser seiner Thätigkeit besitzt die Berliner Sammlung wahrscheinlich in der Portallünette der Scuola di S. Giovanni; Abbild. S. 122). Sein Einfluß verrät sich noch in den frühesten Arbeiten jener lombardischen Bildhauer, die in Venedig nicht nur eine hervorragende Thätigkeit ausübten, sondern recht eigentlich die Plastik Venedigs für ein halbes Jahrhundert bestimmten. Dieser neue Zuzug lombardischer Bildhauer beginnt aber erst nach der Mitte des XV. Jahrh., nachdem sich in Venedig schon längere Zeit eine bedeutende bildnerische Thätigkeit in ausgesprochenem Charakter der Renaissance entfaltet hatte. Ein Paar florentiner Bildhauer, P i e r o   d i   N i c c o l o und G i o v a n n i   d i   M a r t i n o, hatten das Dogengrab des Tom. Mocenigo († 1423) errichtet, in dem sich handwerksmäßige Künstler unter dem Einfluß der früheren Werke Donatello's und Michelozzo's bekunden; ein anderer anonymer Florentiner, der »M e i s t e r   d e r   P e l l e g r i n i k a p e l l e «, ist der Künstler des Monuments des Beato Pacifico Buon (1435, vgl. S. 51 f.); zwei dem Namen nach unbekannte Florentiner (wohl identisch mit dem eben genannten Künstler des Grabmals Tom. Mocenigo) sind etwa gleichzeitig Mitarbeiter an den Kapitellen des Dogenpalastes, und D o n a t e l l o selbst hat um die Mitte des Jahrhunderts von Padua aus für den Chor der Frari die Figur des Täufers geschnitzt. Alle diese Künstler, die freilich einen unmittelbaren Einfluß auf ihre venezianischen Mitarbeiter nicht ausübten, schärften doch ihren Sinn für die Natur, förderten das Verständnis derselben und führten dadurch in Venedig die Plastik allmählich und fast unmerklich aus der Gotik in die Renaissance über. Schon die Gruppen am Dogenpalast haben bis in die Durchführung im Einzelnen einen ausgesprochenen Naturalismus, wenn ihnen auch die innere Belebung mangelt. Die reichen Bildwerke am Portal des Dogenpalastes, der sog. Porta della Carta, welche unter der Leitung des B a r t o l o m m e o   B u o n seit dem Jahre 1439 ausgeführt wurden, zeigen bei ähnlichem Charakter in Bewegung und Ausdruck bereits eine viel feinere Belebung, namentlich in dem großartigen Kopf des Dogen Foscari (das Original im Museum des Dogenpalastes) und in den nackten Putten. Der Künstler verleugnet sich darin freilich nicht als Nachfolger der Massegne; die schönen vollen Formen und der gehaltene Ernst sind ein Erbteil der älteren venezianischen Schule.

Zum Schmuck der Rückseite dieses großen und tiefen Eingangsbaues fertigte ein lombardischer Künstler, A n t o n i o d i G i o . R i z o aus Verona, im Jahre 1462, die Statuen von Adam und Eva. Hier kommt die neue Zeit zum ersten Mal voll und in ganz eigenartiger Form zur Geltung. Diesen beiden großen nackten Figuren wohnt ein so energischer, unverhohlener Realismus inne, wie irgend einem Werke der bahnbrechenden Florentiner Meister; aber er äußert sich in naiverer, derberer Weise, ähnlich wie gleichzeitig in der nordischen Kunst, namentlich bei den Gebrüdern van Eyck (man vergl. die Eva mit unserer Ältermutter vom Genter Altarbild). Vor den nordischen Künstlern hat der Veronese jedoch voraus, daß er das Motiv, den geistigen Gehalt auch in Ausdruck und Bewegung, wenigstens beim Adam, voll und groß wiedergiebt. Die bekleideten Figuren des bis zu seiner Flucht aus Venedig 1498 namentlich als Architekt hervorragend thätigen Künstlers, wie der Schildhalter in antiker Rüstung im Hofe des Dogenpalastes (zur Seite des Adam), die beiden Tugenden und die Dogenstatue am Grabmal Tron († 1472), zeigen Rizo in der eng anliegenden, knitterigen Gewandung, in den knochigen schlanken Gestalten mit kleinen Köpfen als ausgesprochenen und hervorragenden Schüler der Paduaner Schule, dem Maler Andrea Mantegna verwandt.

Obgleich Rizo ohne besondere Eigenart in dem Aufbau seiner Denkmäler ist, obgleich er größeren Kompositionen, deren uns wenigstens keine von seiner Hand bekannt ist, aus dem Wege geht, hat doch die freie Erfindung und die breite naturalistische Durchbildung seiner Einzelfiguren auf die weitere Entwickelung der venezianischen Plastik einen

bestimmenden Einfluß gehabt. Schon P i e t r o
S o l a r i gen. L o m b a r d o († 1515), ein jüngerer
Landsmann und als solcher auch wieder Bildhauer und
Architekt zugleich, erscheint ebenso sehr von Rizo wie von
Bellano beeinflußt. Seine eigene umfangreiche Thätigkeit
und die Werke seiner tüchtigen Schüler, die er namentlich in
seinen Söhnen Tullio und Antonio groß zog, geben der
Erscheinung Venedigs noch heute einen wesentlichen Teil
ihres Charakters. Die lombardische Lust an vielgegliedertem
und dadurch oft zu leicht motivlosem und kleinlichem
Aufbau der Monumente ist bei Pietro und seinen Söhnen
durch das venezianische Formengefühl gemäßigt; die
dekorative Verwendung der Bildwerke wird durch die
venezianische Freude an der Durchbildung vor Ausartung
in Flüchtigkeit bewahrt, und die herbe Formenbildung, wie
das unruhige, knitterige Faltenwerk der Lombarden
erscheinen hier durch den venezianischen Schönheitssinn
und die Studien nach der Antike, namentlich nach
griechischen Bildwerken, auf ein glückliches Maß
eingeschränkt. Ist bei Pietro seine Herkunft von der
lombardischen Kunst immer noch deutlich erkennbar, so ist
bei seinen Söhnen die Umbildung in den venezianischen
Charakter schon so stark ausgeprägt, daß sie in manchen
ihrer Bildwerke schon nüchtern und weichlich erscheinen.

Pietro Lombardo hat seine größeren Arbeiten meist mit
seinen Söhnen und anderen Gehülfen zusammen
ausgeführt; auch diesen Werkstattarbeiten ist regelmäßig der
Charakter des Meisters mehr oder weniger stark aufgeprägt.
Als eigenhändige und frühere Werke erscheinen die
bezeichneten Statuetten von Hieronymus und Paulus in
Sto. Stefano, die beiden Altäre mit einzelnen Heiligen in der
Markuskirche und der Schmuck des Chors von San Giobbe.
Das früheste seiner größeren Monumente, das des Dogen
Nic. Marcello († 1474) in S. Giovanni e Paolo, schließt sich

dem A. Rizo noch so eng an, daß es eine Zeit lang für eine Arbeit desselben galt. Im Aufbau wie in der Durchführung der Figuren ist dies wohl das feinste unter Pietro's Monumenten, während das Dogengrab P. Mocenigo († 1476) in derselben Kirche in dem reicheren Aufbau, in der Fülle von Figuren in antikem Kostüm und den Reliefs mit antiken Motiven, in den herberen Formen die Eigenart des Künstlers noch schärfer ausspricht. Eine Reihe kleinerer Grabmäler in und außerhalb Venedigs, namentlich in Ravenna und Treviso, der Schmuck einzelner Prachtfassaden an öffentlichen Bauten und Palästen, verschiedene Madonnen in Altären und Tabernakeln lassen sich nach dem gleichen Charakter gleichfalls dem Pietro Lombardo zuschreiben.

164. Hl. Hieronymus von B. Buon (?).

Pietro's Sohn, T u l l i o L o m b a r d o, hat schon
früh auch außerhalb der Werkstatt seines Vaters selbständig
gearbeitet: der Wandaltar in S. Martino datiert schon von
1484, und das große Relief der Krönung Maria in
S. Giovanni Crisostomo, die Gruppen der Beweinung
Christi in S. Lio (vielleicht noch von Pietro?) und in S. M.
della Salute, sowie die Reliefs an der Scuola di S. Marco
gehören gleichfalls wohl seiner früheren Zeit, während seine
Beteiligung am Schmuck von Sta. M. de' Miracoli und an
den Reliefs der Antoniuskapelle in Padua (1501 und 1525)
erst in die ersten Jahrzehnte des Cinquecento fallen, ohne
jedoch eine wesentliche Änderung im Charakter
aufzuweisen. In den meisten dieser Arbeiten, namentlich in
den späteren, steht Tullio im Figürlichen entschieden hinter
seinem Vater zurück; die Falten seiner Gewänder sind in
ihrer zierlichen parallelen Bildung fast ebenso behandelt,
wie die sauber gekämmten Haare; die Anordnung ist durch
ihre Gleichmäßigkeit nüchtern; und die ruhige Haltung der
Gestalten des Pietro wird bei Tullio zu starrer Leblosigkeit,
welche die mit Vorliebe von ihm gewählten bewegten Scenen

karikiert und verzerrt erscheinen läßt. Tullio's jüngerer Bruder A n t o n i o L o m b a r d o († 1516) zeigt in den von ihm allein ausgeführten Arbeiten, wie in einem der Reliefs in der Antoniuskapelle zu Padua (1505), in den kleinen Reliefs am Grabmal Mocenigo in S. Giovanni e Paolo, in einer Reihe ähnlicher Kompositionen im Museum des Dogenpalastes, im Louvre und namentlich in der Sammlung Spitzer zu Paris zwar gleichfalls eine gewisse Kälte und Nüchternheit der Handlung: er ist Tullio aber überlegen durch sein an der Antike gebildetes Schönheitsgefühl, das sich in der Bildung seiner Gestalten, seiner Gewandung und Komposition aufs deutlichste bekundet.

166. Marmorstatue von A. Leopardi (?).

Ähnliche Vorzüge zeichnen die Werke des A l e s s a n d r o L e o p a r d i († 1522) aus, der wohl mit den jüngeren Lombardi bei Pietro Lombardo ausgebildet wurde. Er war vorwiegend als Architekt und Dekorator beschäftigt. Nach Verrocchio's Tode zur Vollendung des Colleoni-Monuments berufen, hat er den trefflichen Sockel mit dem Waffenfries entworfen und ausgeführt, der so wesentlich zur großartigen Wirkung des Denkmals beiträgt. Von seiner Hand ist die Dekoration und teilweise auch der bildnerische Schmuck des umfangreichsten und schönsten aller Grabmäler Venedigs, des Dogenmonuments A. Vendramin († 1478, vollendet 1494) in S. Giovanni e Paolo; seine Arbeit sind die bronzenen Flaggenhalter auf dem Markusplatz (1500—1505), sowie einzelne Teile am Monumente des Kardinals Zeno mit dem reichen Bronzeschmuck des Altars seiner Grabkapelle in S. Marco (1501—1515). Seine Monumente sind gleichmäßig ausgezeichnet durch den feinen architektonischen Sinn, die graziöse Ornamentik, die schöne Gliederung und Verteilung des bildnerischen Schmuckes, den geschmackvollen Aufbau der Kompositionen, den feinen, der architektonischen Wirkung entsprechenden Reliefstil, die vollen, schönen Gestalten mit dem sinnigen, schwärmerischen Ausdruck, der vornehmen Haltung, dem zierlichen Faltenwurf und der sauberen Durchführung. Auch hier freilich erhebt sich die venezianische Plastik nicht zu der künstlerischen Freiheit, Größe und Gestaltungskraft der florentiner Skulptur oder der gleichzeitigen Malerei in Venedig; aber in ihrer dekorativen Wirkung und im Zusammenklang mit der Architektur kommt sie der florentiner Plastik nahe.

183. Profilporträt einer jungen Venezianerin, um 1500.

Die Zahl der Monumente dieser Zeit in Venedig ist eine außerordentlich große; auch in den Venedig unterworfenen Landstädten, bis Verona und Brescia, bis in die Marken und nach Istrien und Dalmatien, haben die Bildwerke dieser Zeit durchaus venezianischen Charakter. Die Zahl der Künstler, welche neben und außerhalb der Werkstätten der genannten großen Meister beschäftigt wurden, war zweifellos noch eine beträchtliche; nur von Wenigen, wie A n t o n i o D e n t o n e , C a m e l i o , A n d r e a V i c e n t i n o , P y r g o t e l e s u. a. sind uns beglaubigte Arbeiten erhalten. Dieselben schließen sich fast alle mehr oder weniger der Richtung des Pietro Lombardo und seiner Schüler an. Das Berliner Museum ist reich an venezianischen Bildwerken dieser Zeit, von denen sich jedoch nur wenige mit Sicherheit auf bestimmte Künstler zurückführen lassen. Eine ernste, vornehme Figur, der hl. Hieronymus in Hochrelief, gilt als ein Werk des Bart. Buon (No. 164), dem er wenigstens verwandt und ebenbürtig ist. Von Leopardi's Grabmal Vendramin stammen die beiden großen, bis auf einen Schurz nackten Wappenhalter (No. 165 und 166), schöne Jünglingsgestalten mit klagendem Ausdruck. Für den eigentümlich flachen Reliefstil, der sich an zahlreichen Monumenten Venedigs gegen Ende des XV. Jahrh. findet und dessen Vorbilder wohl Donatello's Reliefs am Hochaltar im Santo waren, ist ein marmornes Antependium mit Engeln, welche spielen oder die Marterinstrumente Christi halten (No. 172), besonders charakteristisch. Auch von den seltenen venezianischen Bildnissen dieser Zeit besitzt die Sammlung verschiedene tüchtige Beispiele: die einfache, sehr individuell gehaltene Thonbüste eines älteren Mannes mit langem Haar (No. 167) und unter mehreren Flachreliefs namentlich das feine Marmorrelief einer jungen Dame im Profil (No. 183), in dem hohen Kopfputz, wie wir ihn in Carpaccio's Bildern finden.

Die Plastik des Quattrocento in Rom hat mit der venezianischen manche Züge gemeinsam. Angeregt von außen, wird sie im Wesentlichen durch fremde Künstler geübt und geht mehr auf reiche dekorative Wirkung als auf künstlerische Durchbildung aus. Doch wird in Rom mit der Tradition viel gründlicher gebrochen als in Venedig; der Charakter der römischen Kunst im Quattrocento ist auch weniger geschlossen und beruht in viel geringerem Maße auf lokalen Bedingungen. Die Kunstübung ist daher vielfach von den Launen der Besteller abhängig und hat, trotz aller Pracht des Materials und dem Umfange der Monumente, einen stark handwerksmäßigen Beigeschmack. Dieser zeigt sich auch in dem nur für Rom charakteristischen häufigen, ja beinahe regelmäßigen Zusammenarbeiten verschiedener Bildhauer an demselben Monumente, das an sich schon die einheitliche künstlerische Wirkung beeinträchtigt; eine Eigentümlichkeit, welche ihren Grund in der Ruhmsucht der Kirchenfürsten hatte, die noch bei Lebzeiten ihre Denkmäler vollendet sehen wollten.

Die Monumente, welche in Rom Ende des XIV. und im Anfange des XV. Jahrh. von Nachfolgern der Cosmaten ausgeführt wurden, hätten die Entwickelung einer eigenartigen tüchtigen römischen Bildnerschule im Quattrocento vermuten lassen: das Grabmal des Ph. d'Alençon († 1397) in S. M. in Trastevere und die beiden Monumente von der Hand des M e i s t e r   P a u l u s, das Grabmal Caraffa im Priorato di Malta und namentlich das des Kardinals Stefaneschi († 1417) in S. M. in Trastevere, sind so einfach und doch so wirkungsvoll im Aufbau, so groß und lebendig in der Gestalt des Toten, trotz der Befangenheit in der Durchbildung, daß man glauben sollte, in der Werkstatt solcher Künstler hätten jüngere Kräfte selbständig die römische Plastik zur Renaissance führen müssen. Gerade das Gegenteil ist der Fall: in diesen Künstlern erlischt die ältere eigenartige Bildnerschule Roms, und erst nach einem Zwischenraum von mehreren Jahrzehnten, der fast gar keine Monumente aufzuweisen hat, machen fremde Bildhauer die Renaissancekunst in Rom allmählich heimisch. D o n a t e l l o ' s vorübergehende Thätigkeit im Jahre 1432 blieb ohne Nachwirkung; die neue Richtung macht sich nur zögernd geltend, nachdem gegen Ende der dreißiger Jahre ein Paar weit untergeordnetere Künstler, die Florentiner A n t o n i o F i l a r e t e und S i m o n e G h i n i, zu längerer Thätigkeit nach Rom berufen wurden und sich ihnen I s a ï a aus P i s a kurz vor der Mitte des Jahrhunderts zugesellte. Filarete's Bronzethür der Peterskirche (1439—1445) steht zwar weit hinter den gleichzeitigen Florentiner Thüren zurück: die Verteilung und die Verhältnisse der Reliefs unter einander, der flache Reliefstil, die schwerfällige Einrahmung, in der sich antike Vorbilder mit gotischen Traditionen mischen, sind unglücklich; die großen Hauptfiguren wie die Reliefs mit den Darstellungen aus dem Leben der Päpste in zahlreichen kleinen Figuren sind nüchtern und leblos; nur in den kleinen Kompositionen, welche das Rankenwerk der Einrahmung einschließt, zeigt sich in frischerer, naiverer Weise der Charakter der Renaissance schon in der Wahl der antiken Motive. Nach der Verwandtschaft mit den Figuren an den Thüren ist wohl auch das steife Relief mit der Figur des hl. Markus über dem Eingange in S. Marco von Filarete's Hand. Simone's Bronzegrabplatte Papst Martins V. ist diesen Arbeiten durch lebensvollere und größere Naturauffassung entschieden überlegen.

Mit I s a ï a d i P i s a beginnt die Reihe der eigentlich römischen Künstler; römisch freilich nur nach dem Charakter ihrer Bildwerke, da auch sie fast alle keine Römer von Geburt sind. Von Isaïa sind uns in Rom das Grabmal des Papstes Eugen IV. († 1447) in S. Salvatore in Lauro, die Reste des Grabmals der hl. Monica in einem Nebenraume von S. Agostino und sein Anteil an dem Andreastabernakel in den Grotten des Vatikans erhalten. Der nüchterne Aufbau seiner Monumente, die leblosen plumpen Figuren mit ihren kleinlichen Parallelfalten, die phantasielose Dekoration lassen uns heute unverständlich erscheinen, daß die Päpste sich mit König Alphons diesen Bildhauer streitig machen konnten. Künstlerisch ebenso unbedeutend sind ein Paar gleichzeitige Monumente, wie das Grabmal Astorgio Agnense († 1451) im Hofe der Minerva, von ähnlichem Aufbau wie das Eugensmonument, und das Tabernakel in S. Francesca Romana. Regeres Leben und freiere Behandlung kam in die Plastik Roms erst nach dem Jahre 1460, namentlich durch die Päpste Paul II. und Sixtus IV., deren Kunstsinn zugleich den Wetteifer aller höheren Geistlichen in der Ausschmückung ihrer Kirchen und der eigenen Verherrlichung hervorrief. Diese bildnerische Thätigkeit, die in gleicher Regsamkeit und Pracht bis zur Zeit von Papst Julius II. anhielt, bewahrt in einem Zeitraum von mehr als einem halben Jahrhundert fast den gleichen Charakter. Der Florentiner Mino, der Römer Paolo Taccone, der Istrianer Giovanni Dalmata und die Lombarden Andrea Bregno und Luigi Capponi, die etwa gleichzeitig und vielfach zusammen arbeiteten, haben gemeinsam den Charakter dieser Kunst und die Typen der Monumente bestimmt, die in den letzten Jahrzehnten des XV. und zum Teil auch noch im Anfang des folgenden Jahrhunderts mit mehr oder weniger Selbständigkeit, oft aber sehr geistlos wiederholt wurden. Große Altäre, Tabernakel, Ciborien, Kanzeln, Sängertribünen, meist von bedeutendem Umfange und regelmäßig in Marmor ausgeführt, vor Allem aber Grabmäler sind die Aufgaben, welche den Künstlern gestellt werden. Letztere sind Nischengräber in verschiedener Form: in der Nische die Gestalt des Toten auf dem Sarkophag ruhend, bald flach abschließend, bald im Halbrund mit Relief oder Gemälde darüber, zu den Seiten bald Pfeiler mit Statuetten in Nischen, bald schlichte Pilaster, oder auch eine Büste in Nische mit einfacher Inschrifttafel darunter.

Vorliebe für allgemeine Allegorien, Mangel an Individualität, Einförmigkeit und Mangel an Phantasie, zierliche aber nüchterne Ausführung, in der Gewandung ein Anschluß an klassische Vorbilder, namentlich aus archaistischer Zeit, sind fast allen diesen Monumenten in größerem oder geringerem Maße eigen.

P a o l o   T a c c o n e   gen.   R o m a n o († wahrscheinlich 1470) arbeitet zuerst mit Isaïa zusammen am Andreastabernakel (jetzt in den Grotten des Vatikans); später finden wir ihn mit Mino u. A. gemeinsam beschäftigt. Verschiedene Kolossalstatuen: der Paulus auf Ponte S. Angelo, der Andreas in S. Andrea, Petrus und Paulus im Peter (alle zwischen 1461 und 1464), haben den gleichen nüchternen, mehr von der Antike als von der Natur bestimmten Charakter. — Der wenig jüngere G i o v a n n i   D a l m a t a (thätig in Rom um 1460— 1480) ist derber und lebendiger; durch sein unruhiges knitteriges Faltenwerk, sein starkes Hochrelief ist er unter den übrigen Römern leicht herauszuerkennen. Am Paulsgrabe und am Grabmal Eroli († 1479) in den Grotten, am Tabernakel in S. Marco arbeitet er neben Mino, am Grabmal Roverella († 1476) in S. Clemente und am Grabmal Tebaldi in der Minerva neben Andrea Bregno. — Am häufigsten begegnet uns in den Denkmälern Roms, neben Mino, der Lombarde A n d r e a   B r e g n o (1421— 1506), namentlich in Arbeiten seiner Werkstatt. Seine lombardische Herkunft verrät sich in den schlanken Figuren und den zierlichen Parallelfalten: die edlen Köpfe und die vornehme Haltung seiner Figuren verdankt er aber dem Studium der Antike in Rom, mit der er freilich auch den Mangel an feinerer Belebung und Individualität gemein hat. Zwei Altäre in S. M. del Popolo, die Grabmäler Roverella und Tebaldi (vergl. oben) in Rom und der kolossale Altar Piccolomini im Dom zu Siena (1485) sind seine

Hauptarbeiten. — Dem Andrea ist ein um 1480—1500 in Rom thätiger Lombarde, L u i g i   C a p p o n i aus Mailand, nahe verwandt. Von ihm ist u. A. das Monument Brusati in S. Clemente (1485) ein Kreuzigungsrelief und ein zierlicher Altar im Ospedale della Consolazione, der Gregorsaltar in San Gregorio, das Monument der Brüder Bonsi ebenda, das Grabmal des Lor. Colonna in der Vorhalle zu Sti. Apostoli. Letztere originell durch die Anordnung der Büsten der Verstorbenen, und sämtlich durch die zierliche goldschmiedartige Dekoration ausgezeichnet.

Neben diesen Künstlern, sind uns einige wenige andere Bildhauer in vereinzelten Monumenten bezeugt. So ein zweiter Meister A n d r e a in einem kleinen Madonnenrelief im Hospital S. Giacomo, eine treffliche Arbeit in feinem Flachrelief; ein P a s q u i n o   d a M o n t e p u l c i a n o soll der Meister des großen Grabmals Pius' II. in S. Andrea della Valle sein; ein zierlicher Altar in S. M. della Pace soll den Namen eines P a s q u a l e   d a   C a r a v a g g i o tragen; M i c h e l e   M a i n i aus Fiesole (geb. 1459) fertigte die Sebastiansstatue in der Minerva, wohl die tüchtigste Freifigur dieser Zeit in Rom. Für die Mehrzahl der Monumente fehlt aber bisher der Anhalt zur Bestimmung ihrer Meister; darunter sind einige der besten Werke Roms, meist aus früherer Zeit, wie das Grabmal Coca mit dem Fresko Melozzo's, das Petrusrelief mit dem Kardinal Cusa in S. Pietro in Vincoli (1465), und das Grabmal Lebretto in Araceli aus demselben Jahre.

204. Engel neben dem Rovere-Wappen, in der Art des
A. Bregno.

Die Berliner Sammlung besitzt einige charakteristische, gute
Arbeiten dieser römischen Schule. Ein leider verstümmelter
Engel in Hochrelief (No. 202) giebt sich in seinen knitterigen
Falten unverkennbar als ein Werk des Dalmata zu erkennen;
ein Marmortabernakel mit vier anbetenden Engeln (No. 203)
ist eine gute Arbeit der Werkstatt des Andrea Bregno, und
ein diesem verwandter, aber feinerer Künstler hat die beiden
Engelsgestalten gemeißelt, die zur Seite eines Baumes (das
Wappen der Rovere) gelagert sind (No. 204). Das
merkwürdigste Stück der Sammlung, einzig in seiner Art
unter den römischen Bildwerken, ist die Kolossalbüste des
Papstes Alexander VI. (No. 205), schlicht und selbst etwas
nüchtern aufgefaßt, jedoch von bedeutender, lebensvoller
Wirkung.

61. Marmorbüste einer neapolitanischen Prinzessin von Franc. Laurana.

Süditalien hat im Quattrocento nur in N e a p e l eine reichere bildnerische Thätigkeit aufzuweisen, die aber, angeregt und ausgeübt durch fremde Künstler, keine nennenswerte lokale Schule groß zieht. D o n a t e l l o und M i c h e l o z z o hatten sich in dem Grabmal Brancacci an den alten neapolitanischen Gräbertypus angeschlossen; die Erbauer des Triumphbogens König Alphons' I., meist von Rom bezogene Künstler: I s a ï a d i P i s a, P a o l o R o m a n o, G u g l i e l m o M o n a c o aus Perugia, S i l v e s t r o d ' A q u i l a u. a., aber auch D e s i d e r i o d a S e t t i g n a n o müssen ihre Bildwerke einem mittelalterlichen Festungsbau anpassen. Erst die jüngere Generation: A n t. R o s s e l l i n o, B e n. d a M a j a n o, G. M a z z o n i durften freier nach künstlerischem Ermessen schaffen; doch haben sie wohl, mit Ausnahme des letzteren, ihre Altäre und Grabmonumente in ihrer Heimat ausgeführt. Die Reliefs und Statuen am

Triumphbogen haben mehr oder weniger den Charakter der gleichzeitigen römischen Arbeiten, mit Ausnahme von zwei ganz Donatelloartigen Putten, die auf Desiderio zurückzugehen scheinen. Am Portal des Kirchleins Sta. Barbara tritt, neben G i u l i a n o d a M a j a n o (von dem die kleinen Architravreliefs im Charakter seines Bruders Benedetto herrühren), in der Madonnenstatue (1474) ein Künstler auf, der ein Wanderleben an den Höfen Italiens führte, der Dalmatiner F r a n c e s c o L a u r a n a (oder Lavrana). Der Künstler war damals von Palermo gekommen, und hier in Sicilien hat er auch, in Verbindung mit einer Künstlerfamilie lombardischer Herkunft, den Gagini, eine nicht unbedeutende plastische Thätigkeit angeregt, die sich, namentlich in Palermo, nahezu ein halbes Jahrhundert lang stetig entfaltet.

Laurana hat in Palermo verschiedene Madonnenstatuen, ähnlich der in Neapel, und den Reliefschmuck einer Kapelle in S. Francesco gefertigt. Außerdem enthält das Museum zu Palermo mehrere dekorative Arbeiten mit feinen Renaissanceornamenten, sowie ein Paar Reliefporträts und Büsten, die mit großer Wahrscheinlichkeit auf Laurana zurückgehen. Diese Büsten gehören nach ihrer ganz eigenartigen Auffassung und Formgebung zu einer Gruppe von Marmorbüsten junger Frauen, von denen das köstliche Hauptwerk, die früher sogenannte Marietta aus Pal. Strozzi in Florenz, sich jetzt im Berliner Museum befindet (No. 61). Die schüchterne, echt mädchenhafte Haltung, gelegentlich so stark betont, daß sie etwas linkisch wirkt, die halb geschlossenen, etwas schräg gestellten Augen, der fest geschlossene Mund, die delikate Durchführung, die starke Politur des Fleisches sind allen diesen Büsten gemeinsam, die sich im Bargello, im Louvre, im Museum zu Wien, bei M. G. Dreifuß und M. E. André in Paris befinden. Durchaus den gleichen Charakter hat auch eine Anzahl von Marmormasken junger Mädchen, die sämtlich aus Südfrankreich stammen, wo Laurana in seinen letzten Jahren thätig war; eine derselben besitzt jetzt das Berliner Museum (No. 208). Der Umstand, daß alle diese Büsten und Masken nachweislich oder wahrscheinlich aus den Orten stammen, an denen Francesco Laurana nach einander thätig war, und die Verwandtschaft derselben mit den Frauenköpfen seiner Statuen und Reliefs lassen dieselben mit großer Wahrscheinlichkeit gleichfalls auf ihn zurückführen.

Dem Laurana nahe verwandt und wohl von ihm beeinflußt ist der Lombarde D o m e n i c o   G a g i n i, der 1463 aus Genua nach Palermo kam. Er und namentlich sein Sohn A n t o n i o   G a g i n i (1478—1536) haben mit ihrer großen Werkstatt hier und in anderen Städten Siciliens eine Reihe von Bildwerken verschiedenster Art hinterlassen. Das Museum zu Palermo ist reich an solchen Arbeiten; der Dom besitzt in Antonio's Madonnenstatue vom Jahre 1503 das lieblichste Werk des Künstlers und in dem Weihwasserbecken mit dem reichen Baldachinaufsatz und den nett erzählten Reliefs ein noch stark lombardisches späteres Werk seines Vaters. Schönheit der Gestalten, Lieblichkeit des Ausdrucks und saubere Bearbeitung des Marmors zeichnen diese Arbeiten gleichmäßig aus, während ihnen feinere seelische Belebung meist abgeht.

Die Hochrenaissance

(Das Cinquecento, um 1500 bis 1630).

Im letzten Jahrzehnt des XV. Jahrh. bereitet sich in Florenz, das auch jetzt wieder die Schicksale der italienischen Kunst entscheidet, eine Wendung vor, welche hier mit dem Beginn des neuen Jahrhunderts als vollzogen bezeichnet werden darf; eine Wendung, die eine neue, von der vorausgehenden Entwickelung grundverschiedene Epoche der italienischen Kunst heraufführt. Kaum in einem anderen Zweige der Kunst kommt dieselbe so scharf zum Ausdruck wie in der Plastik, in keinem anderen Zweige aber auch im Allgemeinen so wenig günstig wie gerade in der Plastik.

Die Skulptur des XV. Jahrh. strebte nach Natürlichkeit und Wirklichkeit; die neue Zeit setzte dagegen an die Stelle der Individualität die Verallgemeinerung. Sie will nicht das Modell mit allen seinen Eigenheiten und Zufälligkeiten geben, sondern einen daraus abstrahierten Typus. Diese Verallgemeinerung und Idealisierung der Formen erstreckt sich nicht nur auf die Köpfe und den Körper, auch die Stoffe und das Nebenwerk werden vereinfacht und nach einem Schema behandelt, das sich die Künstler nach selbstgeschaffenen Schönheitsgesetzen gebildet haben. Dicke Stoffe, die volle Falten bilden, werden das Vorbild, und jede Verzierung derselben wird verschmäht.

Diese Schönheitsgesetze wurden aber nicht aus der Natur, sondern aus der antiken Kunst abstrahiert. Die Antike wird daher jetzt mit erneutem Eifer studiert; nicht mehr um Anregung für Motive und Begeisterung für eigene Erfindungen daraus zu schöpfen, sondern um daraus allgemeine Grundgesetze der statuarischen Kunst abzuleiten

204

und auf Grund derselben Neues zu schaffen. Dadurch, daß die Künstler die Gesetze aus den Antiken abstrahierten, wie sie ihnen vorlagen, also aus mehr oder weniger geringwertigen römischen Kopien, meist außer Zusammenhang mit den zugehörigen Skulpturen und der Architektur, für die sie erfunden waren, mußten sie vielfach zu Trugschlüssen kommen, die für ihre eigene Kunst verhängnisvoll wurden.

Die Skulptur wurde allerdings jetzt selbständiger gestellt, sie wurde noch freier als sie es selbst im Quattrocento gewesen war. Denn die Dekoration, mit der sie bis dahin im Zusammenhang gedacht war, wurde beseitigt oder doch sehr eingeschränkt; die Malerei, welche man bisher zu ihrer Vollendung für erforderlich gehalten hatte, wurde völlig getrennt von der Skulptur, und selbst mit der Architektur ist dieselbe meist nur lose verbunden oder drückt diese sogar in ein untergeordnetes, dienendes Verhältnis herab.

Auch auf den Inhalt sucht die Hochrenaissance ihre Nachahmung der Antike auszudehnen. Die religiösen Vorwürfe und Gestalten hatten schon lange ihre feste Form bekommen; jetzt wurde im Anschluß an die Antike aufs eifrigste die Mythologie und Allegorie gepflegt. Die antiken Götter entstanden, trotz der Reaktion in der Kirche, zu neuem Leben; freilich nicht als Andachtsbilder, sondern als allegorisches Beiwerk. Daher wurde ihnen unbeanstandet selbst in die Kirchen und in kirchlichen Darstellungen der Eintritt gestattet.

Die Überzeugung von der Größe und Selbständigkeit der Plastik verleitete Künstler wie Auftraggeber zu dem Streben, die Skulpturen, wenn möglich, kolossal zu gestalten. Während die Frührenaissance ihre Figuren regelmäßig etwas unter Lebensgröße bildete, ist in der Hochrenaissance der kolossale Maßstab beinahe Regel; was die Skulptur an

Interesse durch den Mangel an individuellen Gestalten eingebüßt hatte, sollte durch die überwältigende Wirkung des Kolossalen wieder eingebracht werden. Ein anderes Mittel zum gleichen Zweck, das Aufſuchen und Herausheben von Gegensätzen, wird geradezu zu einem der leitenden Grundsätze für die Plastik der Hochrenaissance; nicht nur die Gegensätze in Geschlecht und Alter, deren typische Gestaltung die Künstler anstreben, sondern bei der einzelnen Figur der Gegensatz zwischen Körper und Kopf, sowie namentlich zwischen den beiden Seiten des Körpers. Der »contra-posto«: das Hervortreten der einen Körperseite gegen die andere, die scharfe Betonung zwischen Spielbein und Standbein und ein entsprechender Gegensatz in der Bewegung der beiden Arme, ist den meisten Bildhauern der Hochrenaissance ein viel wichtigeres Gesetz als das Studium der Natur.

Die Richtung auf das Große und Schöne in der Kunst des Cinquecento entstand als natürliche Gegenwirkung gegen die einseitige Betonung des Wirklichen und Gefälligen in der Kunst des Quattrocento; sie wurde außerdem, ganz besonders in der Skulptur, gefördert durch das erneute, völlig veränderte Studium der Antike; der innerste Antrieb, aus dem sie hervorging, liegt jedoch in der geistigen Strömung der Zeit, die schon Ende des XV. Jahrh. in Florenz die reformatorische Bestrebung Savonarola's hervorrief und später, in andere Kanäle geleitet, durch die Päpste selbst zur Gegenreformation gestaltet wurde. Das Wirkliche, das rein Menschliche verdammte sie im Leben wie in der Kunst, die sie nur als Mittel zur Förderung religiöser und kirchlicher Zwecke, im weitesten Sinne, gelten lassen wollte; daher die bewußte Abkehr von der Natur.

Im Gebiete der Malerei und teilweise auch der Architektur sehen wir ein verwandtes Streben die köstlichsten Früchte zeitigen, wenn auch nur während eines kurzen Zeitraums und bei einer kleinen Zahl besonders begnadigter Künstler: in der gleichzeitigen Plastik ist dies, den Einen Michelangelo ausgenommen, keineswegs der Fall; die Bildwerke der Hochrenaissance befriedigen nur ganz ausnahmsweise in dem Maße wie die der vorausgegangenen Epoche oder halten doch bei näherer und wiederholter Betrachtung keineswegs, was sie auf den ersten Blick versprechen. Die Plastik war aber auch von vornherein in einer weit weniger günstigen Lage als ihre Schwesterkünste. Abgesehen davon, daß die Aufgaben der Kirche an sich für die plastische Darstellung weit weniger geeignet sind wie die griechische Mythologie, konnten auch die allegorischen Gestalten und die der Antike entlehnten Motive, da sie nicht aus dem Volksbewußtsein hervorgegangen waren, sich nicht typisch ausbilden und erscheinen daher als etwas Künstliches und Fremdartiges. Auch mußte in der Plastik die Absichtlichkeit, die bewußte Abwendung von dem Individuellen und das Zurschautragen stilistischer Gesetze, welche zum Teil ohne wirkliche Grundlage waren, von besonders ungünstiger Wirkung sein, sobald nicht ein Genie, wie das Michelangelo's, die Aufgabe erfaßte. Daher leiden die Bildwerke der Hochrenaissance vielfach an nüchterner Einförmigkeit, gesuchter Ziererei und leerer Empfindungslosigkeit, die sich doppelt fühlbar machen durch den kolossalen Maßstab. Dies ganz besonders bei der Darstellung des Nackten, das ja am wenigsten eine Behandlung nach der Schablone verträgt.

Bei dieser Richtung ist es begreiflich, daß in der Plastik der Hochrenaissance das Porträt in den Hintergrund tritt und, wo es ausnahmsweise gefordert wird, der Mangel an naiver Naturanschauung der vollen Wiedergabe der Persönlichkeit meist hinderlich ist. Ebenso schlimm, obgleich aus anderen Gründen, ergeht es dem Relief, auf das die Künstler zwar keineswegs Verzicht leisten, das aber mit Übertreibung römischer Vorbilder regelmäßig als Hochrelief derart behandelt wird, daß es mehr einer Gruppe von Freifiguren gleicht, worin die Leere und Unwahrheit der Formen und die Einförmigkeit in der Bildung derselben durch die Zahl der Figuren besonders ungünstig zur Geltung kommen.

Der Mangel an Individualität in dieser Kunst führt zu einer immer stärkeren Verwischung der lokalen Verschiedenheiten, auch an den besonders kunstthätigen Orten; und dieser Prozeß der Uniformierung der ganzen italienischen Skulptur wird noch beschleunigt durch den überwältigenden Einfluß, welchen Michelangelo allmählich auf fast alle italienische Bildhauer ausübt. Es kann daher in dieser Zeit auch nicht mehr von örtlichen Schulen in der italienischen Plastik die Rede sein, sondern nur von einzelnen Künstlern und den Schulen, welche sich an ihre Werkstätten anschließen. Nur an kleineren Orten, fern vom großen Verkehr, erhalten sich gelegentlich einzelne Künstler mehr in ihrer Eigenart; und hier bleibt zugleich der Einfluß der älteren Kunst noch mehr oder weniger lebendig. Daher sind die Leistungen verschiedener solcher Künstler (wie besonders Begarelli) lebenswahrer und erfreulicher als die der meisten gefeierten Bildhauer, die von einem Hof zum andern gezogen wurden. Dieses Wandern der Künstler, welches den für eine gesunde Kunstentwickelung unentbehrlichen Zusammenhang mit der Heimat noch mehr lockert, ist ein besonders charakteristisches Merkmal für die Skulptur der Hochrenaissance. Ein förmliches Reislaufen beginnt unter den italienischen Bildhauern; in Scharen ziehen sie selbst über die Grenzen Italiens hinaus: nach Frankreich, Spanien, Portugal, England, Deutschland, Ungarn und bis nach Polen und Rußland. Andererseits kommen jetzt, durch wechselseitige politische oder Handelsbeziehungen, mehr und mehr auch fremde Künstler nach Italien, insbesondere Bildhauer, von denen einzelne dauernd hier Beschäftigung fanden und einen nicht unwesentlichen Anteil an der Entwickelung der italienischen Skulptur genommen haben. Beide Umstände trugen dazu bei, den nationalen Charakter derselben zu beeinträchtigen oder abzuschwächen.

An die Spitze der neuen Zeit wird herkömmlich eine Gruppe toskanischer Bildhauer gestellt, deren Jugendentwickelung noch ganz im Quattrocento liegt, bei denen sich aber die charakteristischen Merkmale der Hochrenaissance schon von ihren ersten Arbeiten an geltend machen. In Florenz ausgebildet, ist auch ihre erste beglaubigte Thätigkeit an Florenz geknüpft. Aber alle diese Künstler, selbst der älteste und gefeiertste unter ihnen, Andrea Sansovino, treten erst im letzten Jahrzehnt des XV. Jahrh. mit größeren Arbeiten an die Öffentlichkeit, zu einer Zeit, als ihr jüngerer Landsmann M i c h e l a n g e l o B u o n a r r o t i (1475 bis 1564) bereits durch seine ersten Jugendwerke ein künstlerisches Genie verraten hatte, das schon seine Zeitgenossen in seiner Eigenartigkeit und Überlegenheit allen mitlebenden Künstlern gegenüber richtig erkannten. Michelangelo prägt, von seinen ersten Arbeiten an, so stark und rein den Charakter der Hochrenaissance in sich aus, er hat so wesentlich zur Entfaltung und Entwickelung derselben beigetragen, er erscheint von frühester Jugend so eigenartig und selbständig und von einer so magischen Einwirkung auf seine Zeitgenossen, die er, trotz seiner persönlichen Vereinsamung, allein durch seine Werke in seinen Kreis bannte, daß jede Besprechung dieser Zeit mit ihm beginnen soll.

Michelangelo ist in allen bildenden Künsten gleich heimisch: der Petersdom und die Deckenbilder der Sixtina sind zwei der großartigsten Kunstschöpfungen aller Zeiten; als

Bildhauer hat er zwar nichts vollendet, was sich dem ebenbürtig an die Seite setzen ließe, aber doch war die Plastik sein eigenstes Feld. Er selbst betrachtete sich in erster Linie als Bildhauer und fühlte sich am wohlsten, wenn er den Meißel in der Hand führte. Neben allen anderen großen Aufgaben ist er daher auch fast ununterbrochen als Bildhauer thätig gewesen.

Als Bildhauer tritt er uns zuerst entgegen und ist sogar in den ersten zehn Jahren selbständiger künstlerischer Beschäftigung fast ausschließlich als solcher thätig. Zwei bezeugte Jugendarbeiten, die er mit etwa 17 Jahren ausführte: das Flachrelief der Madonna an der Treppe und das unfertige Hochrelief mit dem Kentaurenkampf im Museum Buonarroti in Florenz, zeigen schon in auffallender Weise die wesentlichsten Züge seiner Eigenart; das Madonnenrelief in den individualitätslosen Typen von Mutter und Kind; in der mächtigen Bildung und den malerischen Wendungen der Körper, den kleinen Köpfen, der meisterhaften Behandlung der Extremitäten, der eigentümlich tastenden Bewegung der Finger, die wie ein unwillkürlicher Ausdruck des verschlossenen Lebens erscheint. Die Kampfesscene, obgleich überfüllt, ist ausgezeichnet durch die große vielseitige Gestaltung der Motive und die Art, wie die schönen nackten Körper in der mannigfaltigsten Weise zur Geltung gebracht sind. Während Michelangelo's Aufenthalt in Bologna, wohin er im Juli 1494 geflohen war, entstanden drei Statuetten für die Arca in S. Domenico, von denen noch der kniende Engel mit dem Leuchter und der hl. Petronius erhalten sind. Der unruhige, motivlose Faltenwurf der dicken Gewänder, beim Petronius sogar die Haltung und der Typus erscheinen hier deutlich beeinflußt durch den geistesverwandten Quercia, dessen großartige Bildwerke am Portal von S. Petronio auf den jungen Künstler einen tiefen Eindruck machten.

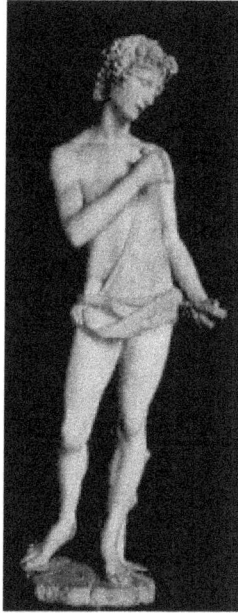

209. Marmorstatue des Giovannino von Michelangelo.

Im Sommer 1495 war Michelangelo wieder in Florenz; die Arbeiten, die er hier in Jahresfrist bis zu seiner Abreise nach Rom ausführte: ein schlafender Amor, der so sehr im Anschluß an die Antike gebildet war, daß er als antik in den Handel kam, und eine Statue des jugendlichen Johannes des Täufers schienen verloren, bis die letztere vor zwei Jahrzehnten in Pisa wieder auftauchte; sie befindet sich heute im Berliner Museum (No. 209). Die schlanken Verhältnisse, die leichte, fast tänzelnde Bewegung, teilweise auch das ungewöhnliche Motiv werden auf den ersten Blick die Benennung dieser Marmorstatue befremdlich erscheinen lassen; eine nähere Betrachtung ergiebt aber die charakteristischen Merkmale von Michelangelo's Kunst im Großen wie im Einzelnen, und speziell die Eigenart der frühen Zeit, in der die Figur entstanden sein muß. Das Motiv: der junge Prophet ist im Begriff, ein mit Honig gefülltes Horn (dessen Spitze abgebrochen ist) zum Munde zu führen, den er aus den Waben in der Linken auslaufen ließ, ist gerade, weil es so unbedeutend und selbst banal ist, für die realistische Auffassungsweise Michelangelo's bezeichnend. Dasselbe gilt für den Übergang aus einer Thätigkeit in die andere, durch welche die Figur eine zwar unruhige, aber von verschiedenen Standpunkten sehr mannigfache und wirkungsvolle Erscheinung bekommt. Auch gewisse Eigentümlichkeiten im Einzelnen sind für Michelangelo, und zwar gerade für diese frühe Zeit charakteristisch: die Behandlung der Haare (wie beim Bacchus), die Stellung der Finger und Zehen und ihre Bildung, das Band über Brust und Schulter, die Falten im Fell und die Behandlung desselben, der felsige Fußboden und der Baumstamm bis zu den technischen Eigentümlichkeiten in der Anwendung des Bohrers, in der Handhabung von Meißel und Zahneisen, wie sie namentlich an den mehr skizzenhaft behandelten Teilen (im Baumstamm, am Fell und am Boden) zu Tage treten. Wenn einzelne andere kleine Eigenarten des jungen Künstlers hier nicht zu finden sind, wenn z. B. die Augensterne und die Ränder der Lippen nicht so unbestimmt sind, wie in den Bologneser Statuetten, und andererseits weit weniger scharf als in den ersten römischen Arbeiten, so kann der Grund dafür darin liegen, daß diese Figur gerade zwischen jenen beiden Gruppen von Werken liegt; in einer Zeit, aus der uns kein zweites Werk erhalten ist: vor Allem sind solche kleine Abweichungen aber in der eigentümlichen Aufgabe, einen halbwachsenen Jüngling darzustellen, und in individuellen Besonderheiten begründet, wie sie in jedem Werke eines großen Meisters sich ergeben. Sie kommen aber auch in ihrer Gesamtheit gar nicht in Betracht neben der Erscheinung der Statue, die durch die Schönheit der Konturen, die meisterhafte Wiedergabe der Formen und die vollendet feine und ungewöhnlich originelle Wiedergabe der Oberfläche überzeugend auf Michelangelo hinweist, und zwar auf seine früheste, in der Wiedergabe der Natur noch beinahe schlichte, vielfach von dem Studium der Antike bedingte Zeit.

Die beiden erhaltenen Arbeiten Michelangelo's, welche während seines ersten Aufenthalts in Rom (1496—1500) entstanden: der Bacchus im Bargello und die Pieta im Peter zu Rom, haben unter sich große Verwandtschaft und gehören zu den glücklichsten plastischen Schöpfungen des Künstlers. Beim Bacchus hat der Künstler zwar wieder, wie beim Giovannino, ein unangenehm naturalistisches Motiv gewählt: im Rausch unsicher stehend, lächelt er mit stierem Blick den Weinbecher an. Auch über die vollen, feisten Formen muß sich der Beschauer hinwegsetzen, um zum reinen Genuß des in der meisterhaften Wiedergabe der Natur unübertrefflichen Körpers zu gelangen. Eine Vorstudie zu dieser Figur, der kleinere Bacchus mit dem Satyr im Gange der Uffizien, als Restauration eines antiken Torso entstanden (freilich durch keinerlei Überlieferung bezeugt), ist im Motiv weit glücklicher, wohl in Folge des notwendigen Anschlusses an die Antike. Die Pieta (1498/99) im St. Peter zu Rom ist, wenn auch nicht die freieste, so doch die edelste plastische Schöpfung Michelangelo's. Die Anordnung kann nicht schöner gedacht werden, der Gegensatz zwischen dem vollendet schönen nackten Körper Christi und der in dichte faltenreiche Gewänder gehüllten Maria, zwischen dem Leichnam und der lebendigen Gestalt ist ebenso wirkungsreich wie maßvoll; und die Art, wie der stumme Schmerz der Mutter in der Bewegung der linken Hand zum Ausdruck gebracht ist, zeugt von feinster psychologischer Beobachtung. Mit dem weichen Fluß in der Behandlung der Glieder und der Gewandung steht hier, wie in den gleichzeitigen und wenig späteren Arbeiten, die bronzeartige Schärfe in der Behandlung des Mundes, der Augen, der Nasenflügel in eigentümlichem Gegensatze.

213

Darin wie in der gehaltenen Stimmung, der ruhigen Haltung und dem stummen, ernsten Ausdruck von Mutter und Kind steht der Pieta die kleine Madonnenstatue in Notredame zu Brügge noch sehr nahe, obgleich sie erst mehrere Jahre später, nach der Rückkehr nach Florenz (Sommer 1501) entstand und daher in der Gewandung und Fleischbehandlung noch vollendeter ist. In die gleiche Zeit fallen vier Marmorstatuetten für den Altar Piccolomini im Dom zu Siena; der Maßstab und das Zusammenarbeiten mit einem Künstler wie Andrea Bregno wirkten ungünstig auf Michelangelo. Er läßt den Beschauer in keinem anderen Werke so gleichgültig, wie in diesen Figuren.

Die Arbeit, welche damals sein ganzes Interesse in Anspruch nahm, war die Kolossalfigur des David (jetzt in der Akademie zu Florenz): sie wurde ihm im August 1501 in Auftrag gegeben und konnte im Frühjahr 1504 schon zur Aufstellung vor dem Palazzo Vecchio kommen. Der David ist der reinste und glücklichste Ausdruck von dem, was Michelangelo in dieser früheren Zeit in einer Einzelfigur zu geben bestrebt war. Daß diese Gestalt eines jugendlichen Herkules seit ihrer Aufstellung eine ganz außerordentliche Bewunderung gefunden hat, verdankt sie nicht nur ihrer imposanten Wirkung durch den kolossalen Maßstab, auch nicht allein der wohl niemals übertroffenen Naturwahrheit, durch welche sie selbst für den Anatomen eine Quelle zum Studium der Natur ist: ihre Wirkung, die ungewöhnlich plastische Erscheinung dieser Schöpfung Michelangelo's liegt namentlich auch in der Wahl eines glücklichen Motivs und in dem vollen Aufgehen von Körper und Geist in diesem Motiv: der jugendliche Kämpe (keineswegs ein kolossaler Knabe, wie man ihn irrtümlich genannt hat) faßt seinen Feind scharf ins Auge, um den Moment zum Schleudern des Steines zu erspähen; sein ganzer Körper ist in gehaltener Anspannung zur Vorbereitung dieses

Momentes, der sein Sinnen ausfüllt. Ähnliche Vorzüge zeigen auch die zwei von der Statue noch wesentlich verschiedenen Modelle im Museo Buonarroti.

Neben dem David arbeitete Michelangelo gleichzeitig in Florenz ein Paar Madonnenreliefs in Marmor, die beide leider unvollendet blieben; das eine jetzt im Bargello, das andere in der Akademie zu London. Beide Male die Madonna sitzend, das Kind an der einen, den kleinen Johannes an der anderen Seite; in ein Rund komponiert und in mäßigem Relief in fast lebensgroßen Figuren ausgeführt. Das erstere ernst und traulich, das zweite eine so anmutig naive Scene mit so neckischem Motiv, wie Michelangelo kein zweites erfunden hat; dabei beide so hehr und schön in der Bildung der Maria, so groß und weich in der Anlage der Falten, so meisterhaft in der Komposition im Rund (namentlich das Londoner Relief), daß diese Arbeiten als Relief der Gruppe, der Pieta und der Davidstatue an die Seite gestellt werden dürfen.

In die gleiche Zeit gehört wohl auch die nicht ganz vollendete Marmorfigur des knieenden »Kupido« (vielleicht Apollo?) im South Kensington Museum, während der tote Adonis im Bargello, wenn überhaupt von Michelangelo, doch wohl erst zur Zeit seiner Arbeit am Juliusdenkmal entstand.

Ehe der Künstler, im März 1505, von Papst Julius II. zur Ausführung seines Grabmonumentes nach Rom gezogen wurde, entstand die Anlage zu einer der Kolossalgestalten der zwölf Apostel, mit denen der Künstler den Dom seiner Vaterstadt schmücken sollte. Der Marmorblock, aus dem diese Hünengestalt wie ein versteinertes Gebilde dem Blicke sich mühsam enträtselt, ist heute in der Akademie zu Florenz untergebracht. Diese Figur ist das erste Zeugnis, daß sich in Michelangelo die Wandlung zu der Richtung bereits vollzogen hatte, in der er uns fortan entgegentritt und in der er, namentlich durch seine Riesenschöpfungen: die Deckenbilder der Sixtina, das Juliusmonument und die Mediceergräber, uns vor Augen steht, wenn sein Name genannt wird. Hatte der Künstler bis dahin, angeregt durch das Studium nach der Antike, die menschliche Gestalt als Einzelfigur oder als Gruppe um ihrer Schönheit willen treu nach der Natur zu bilden gestrebt und dadurch plastisch abgeschlossene und vollendete Werke geschaffen, welche in ihrer Art noch den Vergleich mit den antiken Bildwerken gestatten, so ist Michelangelo in diesem Matthäus und in allen späteren Werken ganz er selbst, schafft er ein eigenes Geschlecht, das unter ganz eigentümlichen Bedingungen ein Leben für sich zu führen scheint; ein Geschlecht von gewaltiger Körperbildung, gewaltsam bewegt wie zum Ausdruck der schmerzvollen mürrischen Stimmung, welche den Geist dieser Titanen befangen hält. Unbekümmert um einander und in sich versunken, erscheinen sie doch von einander abhängig. In der Einzelfigur genügt sich der Künstler nicht mehr: eine ganze Schar dieser Giganten bevölkert die Monumente von kolossalem Umfang, wie er sie fortan nur noch plante. Was er mit dem Pinsel zu leisten im Stande war, das traute er jetzt auch dem Meißel zu: leider sind deshalb alle seine späteren plastischen Monumente sehr unvollständig und unfertig auf uns gekommen. Ohne Rücksicht auf den Gegenstand, den er darzustellen hat, bringt er seine biblischen oder allegorischen Gestalten in die schwierigsten, gewagtesten Stellungen, um immer neue Schönheiten in der menschlichen Figur veranschaulichen zu können. So gesucht und oft gewaltsam wie diese Bewegungen sind, so wenig naiv ist jetzt auch seine Wiedergabe des menschlichen Körpers. Freilich beruht sie nach wie vor auf einer so gründlichen Kenntnis der Natur, wie sie wohl kein anderer Künstler irgend einer Zeit besessen hat. Aber gerade diese wissenschaftliche

216

Gründlichkeit, namentlich seine anatomischen Studien verleiteten den Künstler, nicht die einfache Erscheinung, sondern gewissermaßen die Ursächlichkeit derselben zu geben: den Knochenbau, die Muskeln und Sehnen dem Beschauer unter der Haut nur wie durch »einen Schleier« sehen zu lassen.

Michelangelo wurde im März 1505 nach Rom berufen, um ein Grabmal für Papst Julius zu entwerfen. Ehe er an die Ausführung des ersten Planes, der ein Freigrab in Aussicht nahm, gehen konnte, erkaltete das Interesse des Papstes über seinen Plänen für den Neubau der Peterskirche. Auch fiel dazwischen ein Aufenthalt Michelangelo's in Florenz und in Bologna (zur Ausführung der Bronzestatue des Papstes, die bald darauf vernichtet wurde), und später die Ausmalung der Decke der Sixtina: erst 1513 kam es zu einem neuen Plane (Original-Zeichnung in der Sammlung A. von Beckerath in Berlin). Der hohe, an drei Seiten freie Aufbau sollte danach unten Victorien und gefesselte Sklaven (als Allegorien der eroberten Provinzen), oben auf dem Sarkophag die knieende Figur des Papstes zwischen zwei Engeln mit der Madonna darüber und sitzende Kolossalfiguren an den Seiten (worunter der Moses) enthalten. Der Künstler ging mit dem Feuereifer, der ihn besonders für dieses Monument erfüllte, an die Arbeit; aber schon 1516 wurde die Ausdehnung desselben durch einen neuen Vertrag mit Papst Leo X. eingeschränkt und bald darauf auch die Arbeit durch Aufträge für Florenz unterbrochen. Das Monument, welches 1545 in S. Pietro in Vincoli zur Aufstellung kam, ist zum größten Teil von Schülern ausgeführt, und erscheint fast wie eine Karikatur des ersten großartigen Planes. Abgesehen von den beiden erst spät in Aussicht genommenen, wenig bedeutenden Figuren von Lea und Rahel ist hier nur der kolossale Moses von des Meisters Hand. Ohne die für ihn geplanten

Nachbarfiguren und in ungünstiger Aufstellung übt diese Figur doch eine ganz außerordentliche Wirkung durch die mächtige Bildung der Glieder, die energische Wendung und die nur mühsam verhaltene innere Erregung. Die herrlichen beiden »Sklaven« im Louvre, die vier, erst aus dem Rohen gehauenen Kolosse in einer Grotte des Giardino Boboli zu Florenz und die Gruppe mit dem Sieg im Bargello sind weitere Zeugnisse dessen, was Michelangelo in diesem Monument der Welt hatte bieten wollen.

Auch das zweite große Monument, die Mediceergräber in S. Lorenzo zu Florenz, seit 1519 geplant, aber erst 1524 nach der Wahl des zweiten Mediceerpapstes Clemens VII. in Angriff genommen, ist nur in einem Teile seines Planes zur Ausführung gekommen, und auch dieser Teil wurde nicht ganz vollendet, da Michelangelo, seitdem er Florenz 1534 für immer verließ, auch die Arbeit an diesen Monumenten liegen ließ. Die Grabkapelle der Mediceer enthält nur die beiden Denkmäler des jüngeren Lorenzo und seines Onkels, des jüngeren Giuliano de' Medici; beide in Nischen sitzend, unter ihnen, auf den Sarkophagen die nackten Gestalten des Tages und der Nacht, des Abends und des Morgens; an einer dritten Wand die Statue der Madonna zwischen den, von Montorsoli und Montelupo ausgeführten, Statuen der Schutzheiligen der Mediceerfamilie, Cosmus und Damianus. Auch hier sind die Stellungen und Bewegungen meist gesucht und teilweise geradezu gewaltsam, und in den Porträtstatuen ist auf das Porträtartige so gut wie ganz verzichtet. Aber so wenig ihrer Idee Entsprechendes, so wenig Persönliches diese Gestalten haben, so stark spricht die Persönlichkeit des Künstlers aus ihnen: der eigene leidenschaftliche Geist, der rastlos und unbefriedigt nach dem Großen und Gewaltigen strebt, wohnt auch diesen seinen Schöpfungen inne und zieht uns, trotzdem sie auf den ersten Blick abstoßen, mit magischer Gewalt immer wieder zu ihm hin. Dieser leidenschaftliche Sinn, der mühsam und widerwillig zurückgehalten scheint, äußert sich in den wie in schwerer Ruhe versunkenen Riesenleibern nur in vereinzelten, aber heftigen Bewegungen einzelner Teile, wie das Wetterleuchten eines fernen Ungewitters.

* Michelangelo's Grabmal des Lor. de' Medici in S. Lorenzo
zu Florenz.

Was Michelangelo zwischen und nach diesen Monumenten an Bildwerken noch geschaffen hat, ist meist nicht über die Anlage hinaus gekommen. Die einzige Ausnahme, die Christusstatue in der Minerva zu Rom (vollendet 1521), in der ruhigen Haltung, in der ungesuchten Schönheit der nackten Männergestalt den früheren Werken noch verwandt, ist in einzelnen Extremitäten durch die Hand eines Gehülfen beeinträchtigt. Nur im Rohen zugehauen sind der »Apollo« im Bargello und eine kauernde Gestalt in der Leuchtenberg-Sammlung zu St. Petersburg; die unter dem Namen des Brutus bekannte Büste im Bargello, groß in der Bewegung und edel in der Gewandung, macht schon einen fertigeren Eindruck. Von zwei Gruppen der Kreuzabnahme, die seiner späteren römischen Zeit angehören, ist diejenige im Pal. Rondanini zu Rom nur ein kleines Bruchstück; wundervoll in einzelnen ausgeführten Teilen des Leichnams und merkwürdig als Beweis, wie der Künstler sich bei seiner Art nach kleinen Modellen die Figuren direkt und ohne Punktierung aus dem Marmor herauszuhauen, gelegentlich verhauen konnte. Die zweite, größere Gruppe, die unfertig jetzt im Dom zu Florenz steht, ist edel und auffallend maßvoll für diese späte Zeit.

Neben Michelangelo treten die gleichzeitigen Bildhauer auch in Florenz vollständig in den Hintergrund. Ohne ausgeprägte Eigenart, und ohne tiefere Kenntnis der Natur unterscheiden sie sich hauptsächlich durch das größere oder geringere Maß ihrer Abhängigkeit von der antiken Kunst, von Michelangelo oder von der Kunst des Quattrocento. In ihrem Streben nach Schönheit gelingt ihnen gelegentlich eine einzelne Figur oder eine Gruppe; auch ist die Dekoration einzelner Monumente dieser Künstler, namentlich aus ihrer früheren, noch mit der Kunst ihrer Vorgänger zusammenhängenden Zeit durch Geschmack, Fluß der Linien und malerischen Reiz ausgezeichnet: in der großen Mehrzahl erscheinen aber ihre Bildwerke nur gar zu häufig leer und oberflächlich, vielfach auch schon schwülstig und maniert, namentlich die Reliefs. Dies gilt für G i o v a n n i   d e l l a   R o b b i a (geb. 1469, vergl. oben S. 79) trotz seiner starken Abhängigkeit von der Kunst seiner Vorfahren; dies gilt auch von A n d r e a S a n s o v i n o (eigentlich Andrea Contucci dal Monte Sansavino, 1460—1529), dem gefeiertesten Bildhauer der Hochrenaissance nächst Michelangelo. In einem großen Thonaltar seiner Heimatstadt Monte Sansavino sieht der Künstler etwa einem guten Giovanni della Robbia ähnlich. Die Dekoration der Durchgangshalle zur Sakristei und die Sakramentsnische in Sto. Spirito, die ersten Arbeiten Sansovino's in Florenz, seine Arbeiten in Portugal, wohin der Künstler 1491 auf acht Jahre berufen wurde, sowie das nach seiner Rückkehr ausgeführte Taufbecken im Battistero von Volterra (1502) sind meist verfehlt im Aufbau, unglücklich in der Dekoration und im Reliefstil, und flüchtig und vielfach selbst kleinlich in den figürlichen

Darstellungen, denen feinere Belebung völlig abgeht. Von diesen Arbeiten sticht ein Werk, das der Künstler unmittelbar darauf begann, die Gruppe der Taufe Christi in kolossalen Marmorfiguren über dem Hauptportal des Battistero zu Florenz (begonnen 1502, erst weit später durch Vincenzo Danti vollendet), durch Größe der Empfindung und Schönheit der Gestalten vorteilhaft ab. Doch auch hier stört eine gewisse Absichtlichkeit und fehlt die volle Feinheit der naturalistischen Durchbildung; Schwächen, die noch im höheren Maße an seinen fast gleichzeitig ausgeführten (1503) Statuen der Madonna und des Täufers in der Taufkapelle des Domes zu Genua auffallen. Im folgenden Jahre wechselt Sansovino schon wieder seinen Aufenthalt: er siedelt nach Rom über, wo, nach einem kleineren Grabmal im Durchgang zu Araceli (Monument des Pietro da Vincenza von 1504), seine beiden berühmten Monumente im Chor von Sa. Maria del Popolo im Auftrage Papst Julius' II. entstanden, die Denkmäler der Kardinäle Ascanio Maria Sforza (1505) und Girolamo Basso (1507). Im Aufbau den besten der älteren römischen Vorbilder, an die sich diese Monumente anlehnen, durch die anspruchsvolle Betonung der Architektur nicht gewachsen, steht auch der figürliche Schmuck durch die zu allgemeine Schönheit der Figuren und ihr wenig glückliches Verhältnis zur Architektur, wie durch die unvorteilhafte Anordnung der Grabfiguren hinter den besseren Grabmonumenten des Quattrocento entschieden zurück. Selbst die mit höchster Delikatesse durchgeführte, im Einzelnen sehr reizvolle malerische Dekoration hat mit der Architektur eine gewisse Unruhe der Gesamtwirkung gemein und läßt in ihrer örtlichen Verwendung die feine Berechnung, in ihrer Erfindung und Durchbildung die Naturwahrheit der großen Meister des XV. Jahrh. vermissen. In dem Marmorgehäuse der Santa Casa zu Loreto, an dem Sansovino (nach Bramante's Entwurf) den plastischen Schmuck, unter Teilnahme zahlreicher anderer

Bildhauer, von 1513 bis zu seinem Tode 1529 ausführte, ist die Dekoration ganz zurückgedrängt, die Freifiguren sind den Deckenbildern Michelangelo's entlehnt, und in den Reliefs stört das übertriebene Herausarbeiten der einzelnen Figuren. Doch ist Sansovino hier in Abwägung der Kompositionen wie in der Durchführung immerhin noch glücklicher als in der unmittelbar vor seiner Übersiedelung nach Loreto ausgeführten Gruppe der Maria Selbdritt in S. Agostino zu Rom (1512), die in der Anordnung, obgleich von Leonardo entlehnt, verfehlt, in der Ausführung oberflächlich und karikiert erscheint. Das Berliner Museum besitzt in dem großen Marmorrelief mit dem Sturz des Phaeton (No. 227) eine charakteristische Arbeit Andrea's in der Art der Hochreliefs in Loreto; das Reliefporträt des Kardinals Ant. del Monte (No. 226) ist dagegen ein tüchtiges, einfach aufgefaßtes Bildnis, das durch den warmen Ton des Marmors noch besonders anziehend wirkt.

Wie Sansovino's Arbeiten der späteren Zeit durch die Berührung mit Michelangelo und namentlich mit dem ihm nahe verwandten Raphael in Rom von diesen Künstlern wesentlich beeinflußt erscheinen, so hat ein florentiner Bildhauer, L o r e n z e t t o (Lorenzo di Lodovico gen. Lorenzetto, 1489—1541), wenig später in Rom direkt nach Entwürfen Raphaels den plastischen Schmuck der Cap. Chigi in Sa. Maria del Popolo ausgeführt. Die Statue des Propheten Jonas und die ganz im antiken Sinne erfundene Komposition des Bronzereliefs mit Christus und der Samariterin (jetzt am Altar) gehören zu den edelsten Arbeiten der Hochrenaissance, denen A. Sansovino nur die Gruppe der Taufe in Florenz an die Seite zu setzen hat. Wie wenig Verdienst dabei dem Lorenzetto selbst gebührt, beweisen dessen spätere Arbeiten, wie die Madonnenstatue am Grabe Raphaels im Pantheon, die Figur der Caritas am Monument Forteguerri in Pistoja (1514) und die nüchterne

Petrusstatue auf der Engelsbrücke.

Ein Paar florentiner Künstler, deren Thätigkeit im Wesentlichen auf ihre Heimat beschränkt bleibt, behalten von ihren Vorgängern und Lehrern die Freude an reicher Dekoration. A n d r e a F e r r u c c i (1465—1526) erscheint in seinem großen Tabernakel im Dom zu Fiesole und im Taufbrunnen des Doms zu Pistoja herzlich unbedeutend in den kleinen Figuren, aber tüchtig im Aufbau und in der malerischen Behandlung der Dekoration. Im höheren Maße gilt dies noch von B e n e d e tt o d a R o v e z z a n o (1476—1556), dessen Altar in Sa. Trinita, dessen Kamin und Marmornischen im Bargello mit ihrem zierlichen malerisch behandelten Ornament wohl als die feinsten dekorativen Arbeiten der florentiner Hochrenaissance gelten dürfen, während die kleinen Figuren an diesen Arbeiten, die Reliefs aus dem Leben des hl. Giovanni Gualberto (Bargello) und seine Statuen (wie der Evangelist Johannes im Dom) unbelebt und befangen erscheinen. Ferrucci's Andreasstatue im Dom (1512) leidet an denselben Mängeln; dagegen zeichnen sich seine Büste des Marsilio Ficino im Dom (1521) und eine ähnliche Büste in S. Francesco al Monte durch einfache Naturbeobachtung und geschmackvolle Anordnung vor den meisten gleichzeitigen Büsten vorteilhaft aus.

Benedetto wurde in seiner späteren Zeit durch Kardinal Wolsey nach England gezogen, um dort das Grabmal dieses Kirchenfürsten auszuführen. Schon vor ihm war ein ähnlich veranlagter Landsmann, P i e r o T o r r i g i a n o (geb. 1472), durch den König selbst an den englischen Hof gezogen und arbeitete hier das edle Grabmonument Heinrichs VII. in Westminster Abbey, wo auch das einfache Grab der Mutter des Königs von seiner Hand ist. Später ging der Künstler nach Spanien; unter den dort ausgeführten Bildwerken ist die bemalte Thonfigur des hl. Hieronymus im Museum zu Sevilla die tüchtigste. Weit manierierter ist als Bildhauer der bekannte Architekt F r a n c e s c o   d i   S a n g a l l o (1493 bis 1570), wie seine Marmorgruppe der Madonna mit Anna in Or San Michele (1526) und das Monument des Bischofs Angelo Medici in der Annunziata zu Florenz beweisen. Schlichter und naturwahrer ist seine Grabplatte des Bischofs Bonafede in der Certosa bei Florenz.

Zwei andere Florentiner dieser Zeit sind uns namentlich durch ein Paar stattliche Bronzearbeiten bekannt. Die Gruppe der Predigt des Täufers am Battistero (1511), von der Hand des G i o .   F r a n c e s c o   R u s t i c i (1474— 1554), schon stark beeinflußt durch Michelangelo, ist durch die Einfachheit und den Ernst der Auffassung und Anordnung, durch die Kraft der Gestalten eine der besten Arbeiten der Hochrenaissance überhaupt. Die Bronzestatue des Evangelisten Johannes an Or San Michele von B a c c i o   d a   M o n t e l u p o   (1469—1533?) erscheint daneben nüchtern und gesucht.

225. Marmorbüste der Teodorina Cibò von G. Cr. Romano (?).

Die Arbeiten der genannten florentiner Künstler charakterisieren sich regelmäßig durch eine gewisse Schwerfälligkeit und Nüchternheit, sowohl in der Dekoration wie in den Figuren, welche neben der eleganten Leichtigkeit und frischen Natürlichkeit ihrer Vorgänger besonders stark auffallen. Ein gleichzeitiger römischer Bildhauer und Goldschmied, der Sohn des Isaïa, G i a n C r i s t o f o r o R o m a n o (um 1465—1512), bewahrt weit mehr von der einfachen Natürlichkeit und Grazie des Quattrocento. Freilich haben seine Arbeiten, auch die umfangreichsten, mehr den Charakter der Kleinkunst, welche während der Hochrenaissance durch ihren engeren Anschluß an die vorausgegangene Epoche und an die Bedingungen des Materials vielfach den Vorzug vor der monumentalen Plastik besitzt. Cristoforo's Mausoleum des Gian Galeazzo Visconto in der Certosa zu Pavia (um 1491—1497) erscheint wie ein Schmuckkästchen im Kolossalen; die Reliefs von seiner Hand haben noch viel Verwandtschaft mit besseren Arbeiten des späteren Quattrocento in Rom. Ein jüngeres Grabmonument seiner Hand, das des Pier Francesco Trecchi in S. Vincenzo zu Cremona (um 1502—1505), ist ohne feineren Sinn für den Aufbau, aber sehr reizvoll in der zierlichen Dekoration. Als ein Jugendwerk des Künstlers ist die treffliche Marmorbüste der jungen Beatrice d'Este im Louvre (um 1491) wohl mit Recht für Cristoforo in Anspruch genommen. Nach dem Vergleich mit dieser Büste und verschiedenen beglaubigten Medaillen berühmter italienischer Frauen seiner Zeit darf auch die große Marmorbüste der Teodorina Cibò in der Berliner Sammlung (No. 225) mit Wahrscheinlichkeit auf Gian Cristoforo zurückgeführt werden. In Rom im Anfang des XVI. Jahrh. entstanden, zeigt dieses Werk in der anspruchslosen Haltung, in der klassischen Gewandung die Richtung der Hochrenaissance in einer schlichten Größe wie wenige Büsten der Zeit.

In Gian Cristoforo Romano ist der Einfluß der Frührenaissance, in welcher der Künstler groß geworden war, ein maßgebender geblieben, obgleich er in Rom in Beziehung zu den großen Meistern der Hochrenaissance, namentlich auch zu Michelangelo stand. In höherem Maße ist dies noch der Fall bei mehreren gleichzeitigen oder selbst jüngeren Bildhauern, welche fern von den großen Kunststätten aufgewachsen waren und in ihrer Thätigkeit auf ihre Heimat beschränkt blieben. In einer Reihe von Bildwerken in den Marken, wie im Monument des Ritters Guidarelli im Museum zu Ravenna, oder in den beiden Marmoraltären im Dom von Cesena, teilweise auch noch in den Grabmonumenten des P i e t r o B a r i l o t o in Faenza (thätig um 1520—1545), sind die Vorbilder der venezianischen Künstlerfamilie Lombardi nur in verallgemeinerten, etwas verflauten Formen wiedergegeben. Ähnlich ist es nördlich von Bologna, wo in Parma G i a n F r a n c e s c o d a G r a d o in mehreren seiner Feldherrnmonumente in der Steccata (am Ende der zwanziger Jahre) Einfachheit im Aufbau mit geschmackvoller Dekoration und feiner Farbenwirkung zu verbinden weiß. Wie in der Plastik der Lombardei noch bis tief in das XVI. Jahrh. hinein die Traditionen des Quattrocento nachwirkten und selbst ein Künstler wie A g . B u s t i, dessen Thätigkeit die erste Hälfte des Cinquecento ausfüllt († 1548), noch auf der Grenze beider Epochen steht, ist früher schon ausgeführt worden (s. S. 138).

In Busti und anderen Bildhauern der Lombardei bringt der Einfluß der neuen Zeit auf die herbe alte Kunstweise oft eine eigentümlich unerfreuliche Mischung hervor, die als Karikatur oder Manier wirkt. In dem benachbarten Modena tritt uns dagegen ein etwas jüngerer Bildhauer, A n t o n i o B e g a r e l l i (um 1498—1565), wenn er auch seinem Vorgänger im Quattrocento Guido Mazzoni die Anregung zu seiner eigentümlichen Kunstthätigkeit verdankt, doch als völlig freier Künstler der Hochrenaissance entgegen. Seine Ausbildung und Beschäftigung abseits von den großen Kunstcentren hatte bei ihm nur die günstige Wirkung, daß er seine Richtung besonders eigenartig entwickelte und von fremden, barocken Einflüssen freihielt. Die hervorstechende Eigentümlichkeit seiner Kunstwerke: die Anordnung seiner Kompositionen als Gruppen von großen Freifiguren in Thon, ist freilich stilistisch ein Unding, da sie als plastische Nachbildung lebender Bilder erscheint und nur durch die Aufstellung in Kapellen und Nischen einen Abschluß bekommt. Aber in der Auffassung, in der Bildung der einzelnen Gestalten, in der Gewandung und Haltung derselben kommen ein Ernst und Schönheitssinn zum Ausdruck, wie ihn selbst Andrea Sansovino nicht aufzuweisen hat, der auch an Lebenswahrheit die Gestalten Begarelli's selten erreicht. Freilich sind dieselben so sehr auf die Zusammenstellung in Gruppen berechnet, daß seine Einzelfiguren regelmäßig unruhig und unsicher in der Haltung erscheinen. Die Kirchen Modenas sind reich an Werken seiner Hand: die Beweinung Christi in S. Pietro, und derselbe Gegenstand in Sa. Maria Pomposa, die Kreuzabnahme in S. Francesco, Christus bei Martha in S. Domenico sind seine bekanntesten Gruppen; Einzelstatuen an mehreren Stellen; auch außerhalb Modenas (in S. Benedetto bei Mantea und S. Giovanni zu Parma). Die Berliner Sammlung besitzt eine kleinere Gruppe Begarelli's: Christus am Kreuz mit schwebenden und knieenden Engeln zur Seite (No. 259); eine Arbeit, die wohl geeignet ist, die eigentümlichen Schönheiten der Kunst des Meisters zu kennzeichnen, daneben aber auch, als allgemeines Erbteil der Hochrenaissance, eine gewisse Allgemeinheit in Ausdruck und Formengebung, Absichtlichkeit in der

228

Anordnung und Kälte der Wirkung durch die Farblosigkeit nicht verleugnet.

In Bologna vertritt A l f o n s o   L o m b a r d i (1497—1537) eine dem Begarelli verwandte Richtung. Auch von ihm sind ähnliche Thongruppen erhalten: die farbige Gruppe der Beweinung Christi im Dom und die farblose des Todes Mariä im Sta. Maria della Vita (1519); letztere in der Häufung der Figuren, in der anspruchsvollen Haltung derselben und der barocken Auffassung eine eigentümliche Verirrung dieser Kunstgattung. Seine kleineren Gruppen und Reliefs außen und innen an der Fassade von S. Petronio sind durch Geschmack und malerische Wirkung ausgezeichnet; dasselbe gilt auch von den kleinen Marmorreliefs am Untersatz der Arca in S. Domenico.

Mit Alfonso war der Florentiner T r i b o l o (Niccolo Pericoli gen, Tribolo, 1485—1550) am Schmuck der Fassade von S. Petronio thätig. Im Anschluss und unter der Einwirkung von Quercia's Arbeiten an der Fassade sind namentlich die kleinen Reliefs an den Thüren weit stilvoller in der Reliefbehandlung, einfacher in der Anordnung und lebendiger in der Schilderung als die gleichzeitigen Arbeiten an der Santa Casa des Andrea Sansovino, an der auch Tribolo später thätig war, oder als die Reliefs der Capella del Santo in S. Antonio zu Padua.

Tribolo war in Florenz Schüler des J a c o p o   S a n s o v i n o (eigentlich Jacopo Tatti, 1486—1570). Groß geworden in Florenz in der Werkstatt des Andrea Sansovino, dem er seinen Namen verdankt, dann in Florenz und später in Rom thätig, hat Jacopo seine Eigenart doch erst nach seiner Übersiedelung nach Venedig (1527) voll ausgebildet. Für diese Stadt ist der Künstler zugleich von hervorragender Bedeutung geworden durch die dort von ihm ausgebildete Schule, die, im Anschluß an die gleichzeitige Architektur, in Verbindung mit der Malerei und unter dem entschiedenen Einflusse derselben nahezu ein Jahrhundert lang eine reiche Thätigkeit entfaltete. Sansovino's Arbeiten in Florenz: der hl. Jacobus im Dom (1511—1513) und der jugendliche Bacchus im Bargello, und die römischen Bildwerke: die Madonnenstatue in S. Agostino, die kleine Wachsgruppe einer Kreuzabnahme (jetzt im South Kensington Museum) u. a. m., stehen noch ganz unter dem Einflusse seines Lehrers Andrea, sind aber frischer, lebendiger und individueller als dessen Werke; dies gilt namentlich von der köstlichen Jünglingsgestalt des Bacchus. Als eine Arbeit seines römischen Aufenthalts (um 1511—1515) bezeichnet Vasari, freilich nur als wahrscheinlich, ein Brustbild des Kardinals Ant. del Monte in Hochrelief, welches jetzt das Berliner Museum besitzt (No. 226). Die Formenbehandlung dieses energisch aufgefaßten Kopfes scheint jedoch eher auf Andrea Sansovino selbst wie auf seinen Schüler zu deuten (vergl. S. 163). Für den Einfluß Michelangelo's auf Jacopo in der späteren Zeit seines Aufenthalts in Rom ist das große Thonrelief der Madonna in unserer Sammlung (No. 232) besonders bezeichnend, ein Werk von großer Wirkung.

230. Bemaltes Stuckrelief der Madonna von Jac. Sansovino.

In Venedig wurde Sansovino's bildnerischer Stil wesentlich bestimmt durch seine umfangreiche Thätigkeit als Architekt und durch das Zusammenleben mit den ihm überlegenen Malern, namentlich mit Tizian und Tintoretto. Nicht, daß er im Stande gewesen wäre, die plastische Kunst Venedigs ebenbürtig auf einen Platz neben die venezianische Malerei zu heben: seine Bildwerke und die der zahlreichen Schüler, welche er in Venedig um sich versammelte, sind kaum weniger allgemein und oberflächlich und sind gelegentlich ebenso manieriert, als die seiner Zeitgenossen außerhalb Venedigs. Aber sie haben den großen Vorzug einer glücklichen Verbindung mit der Architektur und einer malerischen Wirkung durch Auffassung, Behandlung und Material (vielfach Bronze). Sie fügen sich geschickt in ihre Umgebung, sind in ihrer Art meist lebensvoll und ohne besondere Ansprüche, und haben nicht selten gerade dadurch zugleich eine vornehme und selbst große Erscheinung; ähnlich etwa wie die Werke des Tintoretto, dessen Porträts auch die Büsten dieser Künstler nahe kommen.

Sansovino's Werke in Venedig sind sehr zahlreich und mannigfaltig. Sehr nüchtern erscheint er in den beiden späten Kolossen an der Treppe des Dogenpalastes. Besonders malerisch und elegant sind dagegen die Bronzestatuen und Reliefs an der Loggietta (um 1540); ähnlichen Reiz besitzen die verschiedenen kleineren Bronzearbeiten im Chor von S. Marco, namentlich die sitzenden Apostel. Unter mehreren Grabmälern sind das Monument Venier († 1556) in S. Salvatore und das des Thomas von Ravenna mit der sitzenden Bronzestatue über der Thür von S. Giuliano die ansprechendsten. Für seine Behandlung der Madonnenreliefs bieten verschiedene Arbeiten der Berliner Sammlung besonders charakteristische Beispiele. Das bemalte Hochrelief der Madonna zwischen Heiligen

(No. 231), das noch in Anlehnung an Altarbilder des Quattrocento aufgebaut ist, zeigt im Reliefstil wie in den Figuren die Einflüsse seines Lehrers Andrea mit denen Michelangelo's gemischt. Ein Paar große Stuckreliefs in flachem Relief (No. 230 und 230A), mit alter Bemalung, sind durch ihre malerische Wirkung und eine gewisse Größe der Auffassung ausgezeichnet. Von besonderem Interesse sind sie durch den Anschluß des Künstlers an Vorbilder des Quattrocento, namentlich an Donatello.

247. Marmorbüste des Ott. Grimani von Al. Vittoria.

Sansovino's Schüler, die er aus allen Gegenden um sich versammelte, haben unter der starken Einwirkung ihres Meisters einen diesem nahe verwandten gemeinsamen Charakter, soweit nicht Einflüsse anderer Meister in ihnen schon übermächtig geworden waren, wie bei dem Florentiner Bart. Ammanati und Danese Cattaneo aus Carrara (1509—1573). Von A l e s s a n d r o V i t t o r i a aus Trient (1525—1608) sind Einzelfiguren in beträchtlicher Zahl in den Kirchen Venedigs zerstreut; so ein Sebastian in S. Salvatore, ein Hieronymus in S. Giovanni e Paolo u. s. w. In ihrer gestreckten Form und oberflächlichen

232

Charakteristik sind sie doch von wirkungsvoller, malerischer Erscheinung, den Gestalten Tintoretto's vergleichbar. Charakteristische Beispiele dafür bieten vier kleine Bronzestatuetten der Evangelisten (No. 639H bis L.) und eine größere Bronzefigur in der Berliner Sammlung. In dem gut aufgebauten Grabmal, das Vittoria sich selbst in Sa. Zaccaria errichtete, zeigt die Büste die eigentliche Kraft des Künstlers, die Porträtdarstellung. Auch die Berliner Sammlung hat verschiedene Beispiele derselben aufzuweisen: außer dem Selbstbildnis (No. 246), das durch seine Aufstellung im Freien beschädigt ist, das Thonmodell zu einer Büste des Admirals Contarini (No. 249), sowie die großen Marmorbüsten des Pietro Zeno (No. 248) und des Ottavio Grimani (No. 247); letztere in ihrer vornehmen individuellen Erscheinung, die durch die warme naturalistische Färbung des Marmors noch erhöht wird, wohl die bedeutendste unter den zahlreichen derartigen Arbeiten des Vittoria.

Ein anderer Schüler Sansovino's, G i r o l a m o C a m p a g n a aus Verona, ist Vittoria in der Schönheit wie im Ausdruck seiner Gestalten und in der Durchbildung derselben überlegen. So in der Verkündigung am Pal. del Consiglio in seiner Vaterstadt Verona, dann zu Venedig in den Gruppen der Hochaltäre von S. Giorgio Maggiore, Redentore, Sto. Stefane und S. Tommaso, in verschiedenen Einzelfiguren in Sto. Stefano, in der Scuola di S. Rocco u. s. f. Auch der Doge Loredan am Grabmal desselben in S. Giovanni e Paolo ist eine edle Porträtfigur. In der malerischen Reliefbehandlung besonders ausgezeichnet sind die Darstellungen des Bronzedeckels vom Taufbrunnen in S. Marco, die gemeinsame Arbeit des T i z i a n o M i n i o von Padua (1517—1552) und des D e s i d e r i o von Florenz. Andere Schüler, wie P i e t r o   d e '   S a l i († 1563), J a c o p o

C o l o n n a , T o m m a s o   d a   L u g a n o waren, neben den Genannten, Sansovino's Gehülfen bei den Dekorationen der Bibliothek, des Dogenpalastes und der Capella del Santo in S. Antonio zu Padua. Diese großen gemeinsamen Arbeiten sind um so glücklicher, je mehr sie auf architektonische Wirkung berechnet sind; wo sie, wie im Santo, rein plastisch sein wollen und hochdramatische Motive darzustellen haben, sind Meister und Schüler ebenso schwach wie die Nachfolger Michelangelo's und Andrea Sansovino's in Rom und Florenz. Die letzten Ausläufer dieser Schule Sansovino's am Ende des XVI. und im Anfange des XVII. Jahrh. sind T i z i a n o   A s p e t t i († 1607) und G i u l i o   d a l   M o r o, deren Richtung in der Berliner Sammlung durch zwei malerisch wirkungsvolle, lebendig bewegte Marmorstatuetten, »Die Ehre« und »Der Reichtum« (No. 266 und 267), vorteilhaft vertreten ist. Mit diesen Künstlern erlischt in Venedig nahezu für ein Jahrhundert fast jede größere plastische Thätigkeit; aber auch nach ihrer Wiederbelebung durch die Berninische Kunstrichtung hat sie nicht mehr die Kraft zu einer freieren, reicheren Entfaltung.

Die ganze hier betrachtete Gruppe von Künstlern seit Andrea Sansovino erscheint mehr oder weniger beeinflußt von Michelangelo. Auch die unabhängigsten unter ihnen, wie Andrea Sansovino selbst und sein Schüler Jacopo, gehen gelegentlich bis zur direkten Nachahmung des weit überlegenen Meisters (wie in Andrea's Propheten an der Santa Casa und in den Evangelisten Jacopo's im Chor der Markuskirche); aber sie verlieren darüber doch nicht ihre Eigenart und besitzen, bald in höherem bald in geringerem Grade, eine gewisse Lebensfülle und malerische Erscheinung. Den eigentlichen Schülern und Nachfolgern Michelangelo's fehlen in der Regel auch diese Vorzüge. Wo dieselben nicht gerade Modelle ihres Meisters ausführen, erscheinen sie meist manieriert oder selbst plump und unkünstlerisch. R a ff a e l l o d a M o n t e l u p o (1505—1567), der den hl. Damian in der Mediceerkapelle und verschiedene Figuren am Juliusgrabmal ausführte und vorher an der Ausschmückung der Santa Casa in Loreto Teil nahm, ist in seinem Grabmal Rossi in Sa. Felicità in Florenz noch verhältnismäßig einfach und würdig. F r a G i o . A n g i o l o M o n t o r s o l i (1507 bis 1563), ein anderer Mitarbeiter an Michelangelo's Grabmälern (Statue des hl. Cosmas), fand später in Genua ein ausgiebiges Feld der Thätigkeit, als Bildhauer wie als Architekt. Hier ist die prachtvolle Ausschmückung von S. Matteo von besonderem Interesse, weil der Künstler sie ganz einheitlich und mit den reichsten Mitteln ausführen konnte. Der Hochaltar in den Servi zu Bologna ist eine spätere Arbeit des Künstlers, der in Messina verschiedene große Brunnen von geringem dekorativen Werte ausführte. Beiden überlegen ist der Lombarde G u g l i e l m o d e l l a P o r t a († 1577), Sohn und Schüler des G i o . G i a c . d e l l a P o r t a. Vater und Sohn haben eine beträchtliche Zahl von Marmorarbeiten in Genua (im Dom, S. Tommaso u. s. f.) hinterlassen, die meist leere, anspruchsvolle Schaustücke sind. Nach seiner Übersiedelung nach Rom trat Guglielmo in enge Beziehung zu Michelangelo. Sein bekanntestes Werk hier, das große Grabmal Papst Pauls III. im Chor des Peter ist wohl das hervorragendste plastische Werk, das unter dem unmittelbaren Einflüsse Michelangelo's entstanden ist. Groß durch den einfachen Aufbau und die kolossalen Gestalten, ist dasselbe namentlich ausgezeichnet durch die Lebensfülle und Kraft der Papstfigur, der nur wenige Bildnisfiguren dieser Zeit gewachsen sind.

Besonders befangen in der Nachahmung Michelangelo's erscheinen die florentiner Künstler dieser Zeit; auch die, welche, wie B a c c i o   B a n d i n e l l i (1493—1560), sich persönlich feindlich dem alten Meister gegenüberstellten. Was ihnen an Michelangelo am meisten Eindruck machte, war das Kolossale; aber bei dem Mangel an feiner Naturkenntnis, an Geschmack und Phantasie erscheinen sie leer und roh in ihren Kolossen, die langweilig und nicht einmal dekorativ wirken. Dies gilt sowohl von Baccio's kolossalem Herkules und Kakus vor dem Pal. Vecchio, wie von den Statuen von Adam und Eva im Bargello und von verschiedenen Gruppen der Beweinung Christi und Einzelfiguren in florentiner Kirchen. In seiner Marmorstatue des Giovanni de' Medici vor S. Lorenzo steht die kriegerische Derbheit im Einklänge mit der Erscheinung und dem Charakter des Mannes. Am glücklichsten ist Baccio in den Propheten und Aposteln an den Chorschranken des Domes, die in ihrem malerischen Flachrelief von feiner Wirkung und meist geschickt im Raum erfunden und gut in der Bewegung sind. Ein Relief von ähnlichem Charakter ist das in Thon modellierte Selbstporträt in halber Figur im Berliner Museum (No. 218), welches dem danach ausgeführten Marmorrelief in der Domopera zu Florenz entschieden überlegen ist.

Enger noch und mit mehr Glück schließt sich P i e r i n o d a   V i n c i an Michelangelo (jung verstorben, thätig um 1540—1553). Von ihm sind nur wenige kleinere Flachreliefs im Bargello, im Privatbesitz in Florenz und im Auslande erhalten. Ein charakteristisches Beispiel seiner Richtung giebt das kleine Stuckrelief der hl. Familie in der Berliner Sammlung (No. 217).

Der Architekt B a r t o l o m m e o   A m m a n a t i (1511—1592) ist im figürlichen Teil seiner Grabmonumente (in S. Pietro und S. Mercurio in Rom, im Campo Santo zu Pisa und in den Eremitani zu Padua) wie in seinem Brunnen auf dem Piazza del Granduca zu Florenz äußerst

nüchtern und unbelebt. G i o v a n n i   d a l l '
O p e r a , der Schüler Bandinelli's, ist wesentlich von
diesem abhängig. Der jüngere V i n c e n z o   D a n t i
(1530—1576) hat in dem Bronzerelief mit der Anbetung der
Schlange im Bargello ein im Geiste Michelangelo's gehaltenes
Werk geschaffen, während seine große Bronzegruppe der
Enthauptung des Täufers am Battistero in Florenz und seine
sitzende Papstfigur Julius' III. in Perugia manieriert
erscheinen.

216. Bronzebüste des Papstes Gregor XIII.

In anderer Weise abhängig von Michelangelo zeigt sich der
berühmteste Goldschmied seiner Zeit, B e n v e n u t o
C e l l i n i (1500—1572). Als Goldschmied weit über
Gebühr gefeiert, da die wenigen beglaubigten Arbeiten
sowohl echt dekorativen Sinn wie feinere Empfindung für
die Bedingungen des Materials vermissen lassen, hat
Benvenuto in seinen eigentlichen Bildwerken einen Ernst im
Naturstudium und in der Durchbildung und gelegentlich
eine leichte Grazie, die allen anderen florentiner
Zeitgenossen abgeht. Freilich verraten Büsten, wie der
Bindo Altoviti im Privatbesitz zu Florenz und die

237

Kolossalbüste Cosimo's I. im Bargello, in ihrer übertrieben sauberen Ciselierung, namentlich in der scharfen Umränderung der Augen und des Mundes, die Gewöhnung des Goldarbeiters; aber die treue Wiedergabe der Persönlichkeit in diesen Büsten wie die Behandlung des Nackten in den Figuren, sowohl an dem schön aufgebauten Perseusmonument in der Loggia de' Lanzi zu Florenz wie im Bronzekrucifix im Escurial, erscheinen für diese Zeit sehr beachtenswert. Die Modelle des Perseus im Bargello (eines in Wachs, das andere in Bronze) sind der großen Statue noch durch Schönheit der Formen und glücklichere Bewegung überlegen. Die Berliner Sammlung besitzt verschiedene kleine Bronzen, die mit Wahrscheinlichkeit auf Cellini zurückzuführen sind: so eine Gruppe mit dem Sieg der Tugend, mehrere Figürchen von badenden Frauen und eine besonders reizende schlafende Nymphe (No. 639B, Abb. S. 178).

Die Berliner Sammlung besitzt auch eine große Bronzebüste des Papstes Gregor XIII. (No. 216), welche deutlich den Einfluß Michelangelo's verrät. Der Meister hat bisher (so wenig wie für ein Paar ganz ähnliche Bronzebüsten der Päpste Sixtus V. in Sanssouci und Gregor XIV. im Besitz der Kaiserin Friedrich) noch nicht bestimmt werden können. Schlicht und doch groß in der Auffassung, malerisch in der Anordnung und in der Behandlung, ist sie von einer für diese Zeit ganz ungewöhnlich meisterhaften Individualisierung und von bewunderungswerter Breite und Sicherheit in der Ausführung.

Als Bronzegießer, im Großen wie im Kleinen, haben neben Cellini ein Paar oberitalienische Bildhauer, der Paduaner L e o n e L e o n i (1509—1590) und sein Sohn P o m p e o L e o n i († 1610), eine ausgedehnte Thätigkeit entwickelt, freilich vorwiegend außerhalb Italiens, für Karl V. und Philipp II. Ihre Bronzestatuen und

Büsten dieser Fürsten und ihrer Anverwandten (jetzt im Museo del Prado in Madrid, in Toledo und in Windsor Castle), sind ernst und lebenswahr in Haltung und Auffassung und zeigen eine ähnliche Freude der Künstler an reichem Beiwerk und an der Durchführung, wie Cellini's Bronzen; doch haben sie weniger dessen goldschmiedeartige Schärfe und Härte. In Italien lernt man am Marmormonument des Gio. Giac. de Medici im Dom zu Mailand und an der imposanten sitzenden Bronzefigur des Vincenzo Gonzaga über seinem Grabmal im Palast zu Sabionetta Leoni's Thätigkeit im Großen kennen.

Wie Cellini, so sind auch beide Leoni, namentlich der ältere, als M e d a i l l e u r e thätig gewesen. Überhaupt erfuhr diese eigenartige Kunstthätigkeit insbesondere in Oberitalien eine ununterbrochene reiche Pflege; durch den Anschluss an die Vorbilder des Quattrocento und die Beobachtung der plastischen Gesetze für die Komposition im engen Raum sind diese kleinen Bildwerke den gleichzeitigen großen Schöpfungen der Plastik in der Regel in stilvoller Komposition, wie in malerischer Behandlung und individueller Charakteristik entschieden überlegen. Aus der großen Zahl tüchtiger Medailleure sind außer den letztgenannten Bildhauern durch Zahl und Meisterschaft ihrer Arbeiten besonders hervorzuheben: der Goldschmied F r a n c. F r a n c i a aus Bologna, der Veronese G . M . P o m e d e l l o , der Paduaner G i o . C a v i n o († 1570), die dem L. Leoni sehr verwandten Mailänder J a c. d a T r e z z o († 1589), G i a n a n t. R o s s i und A n t. A b o n d i o (1538—1591), die namentlich am päpstlichen Hofe beschäftigten G i a n F e d. B o n z a g n a und L o r. F r a g n i , beide aus Padua, D o m . P o g g i n i aus Florenz, der Römer P . P . G a l e o tt i († 1584), der Sienese P a s t o r i n o

(† 1592); letzterer von ganz besonderem malerischen Geschick und außerordentlich fruchtbar (es sind mehr als 150 Medaillen von ihm bekannt).

Die Pflege des Bronzegusses, der seit der Mitte des XVI. Jahrh. sehr in Aufnahme kam namentlich in Florenz und Venedig, eine Zeitlang auch in Mailand, Bologna u. s. f. zu glänzender Entfaltung gelangte, hat darin im Großen wie im Kleinen, in der großen Plastik wie im Kunsthandwerk, zu einer außerordentlichen technischen Vollendung geführt und auf die Entwickelung der gesamten Plastik in Italien noch im Laufe des XVI. Jahrh. einen bestimmenden Einfluß ausgeübt. Die Schwierigkeit der Arbeit und die Sorgfalt, die auf die Ausführung verwendet werden mußte, führte die Künstler auch auf ein gründlicheres Studium der Natur zurück. In ähnlicher Weise mußten auch die Bedingungen für eine günstige Wirkung der Bronzebildwerke: geschlossene Komposition, Mäßigung in der Bewegung und in den Ausladungen u. a. m., auf eine maßvollere, weniger manierierte Behandlung der Marmor- und Thonbildwerke zurückwirken, während andererseits die malerische Wirkung der Bronze auch auf die Behandlung des Marmors allmählich Einfluß ausübte.

Ein anderes wesentliches Element für den Umschwung, der sich Ende des XVI. Jahrh. in der italienischen Plastik vorbereitet und allmählich den Barockstil heraufführt, ist das Eindringen fremder Kunst, insbesondere durch niederländische und später durch französische Bildhauer, die sich vorübergehend oder dauernd in Italien niederließen und hier teilweise eine sehr umfangreiche Thätigkeit ausübten. Der erste und einflußreichste unter ihnen ist der Vlame G i o v a n n i   d a   B o l o g n a (eigentlich Jean Boulogne aus Douay, 1524—1608), welcher in den letzten Jahrzehnten des XVI. Jahrh. als Dekorator der öffentlichen Plätze, der Gärten und Paläste der Mediceer eine ganz außerordentliche Thätigkeit entwickelte. Der Einfluß derselben wurde noch verstärkt durch die zahlreichen kleineren Wiederholungen, die er nach seinen Kompositionen in Bronze selbst anfertigte oder in seiner Werkstatt von Susini u. A. fertigen ließ; Arbeiten, welche von der Zeit des Künstlers an bis auf unsere Zeit zu den gesuchtesten Kunstgegenständen gehörten.

In Antwerpen zum Bildhauer ausgebildet, kam Giovanni mit etwa 25 Jahren nach Italien und ließ sich 1553 dauernd in Florenz nieder. Seine Reiterstatue Cosimo's I. neben dem Palazzo Vecchio (aufgestellt 1594) ist edel und einfach in der Haltung; spätere Standbilder von ihm in Florenz und Pisa sind aber nicht besser als ähnliche Werke seiner Zeitgenossen. Dasselbe gilt von seinen Reliefs, namentlich denen im Chor der Annunziata zu Florenz und an den drei Bronzethüren des Doms zu Pisa, die meist maniert in den Formen und wenig glücklich im Reliefstil erscheinen. In seiner bekannten Gruppe: der »Fiorenza« im Bargello (seit 1565 ausgeführt), im Raub der Sabinerinnen (1581—1583) und im Herkules und Nessus in der Loggia de' Lanzi ist zwar die Durchführung der Formen meist gleichgültig oder willkürlich, aber der Aufbau ist regelmäßig kühn und schön bewegt. Ähnliches gilt von den Einzelfiguren (die Bronzestatuen des Lucas an Or San Michele vom Jahre 1602, die Figuren in der Cap. Salviati in S. Marco, im Chor des Domes zu Lucca u. s. f.), vor Allen von dem berühmten Merkur im Bargello. Am glücklichsten ist er in seinen Brunnen: in dem Neptunsbrunnen in Bologna (1563—1567), in den beiden Fontänen des Giardino Boboli (der mit dem Okeanos und drei Stromgöttern, vollendet 1576, und der kleinere mit der Badenden, die von Faunen belauscht wird, 1585), in der Bronzefigur der badenden Venus in der Villa Petraja u. s. f. Jeder dieser Brunnen ist ein Meisterwerk für sich: völlig plastisch und doch zugleich von großer dekorativer Wirkung, glücklich und groß im Aufbau, elegant in den Einzelfiguren, die sich in schönen, fein bewegten Linien von der Luft abheben, meisterhaft in der Dekoration, namentlich in den Fratzen, Masken und Ungetümen, die der Künstler in phantastischer Weise bildet und als Wasserspeier in geschicktester Weise verwendet. Die Berliner Sammlung besitzt verschiedene seiner kleinen Bronzen, darunter eine schöne größere Gruppe eines Frauenraubes.

Eine kleine Bronzefigur des Merkur in derselben Sammlung, ist wahrscheinlich auf die Hand eines anderen Niederländers zurückzuführen, der gleichzeitig in Florenz thätig war, E l i a   C a n d i d o; wie Bologna hauptsächlich Bronzebildner. Durch Inschriften als seine Arbeiten bezeugt sind verschiedene etwa halblebensgroße Götterstatuetten im Bargello, die bisher gleichfalls seinem berühmteren Landsmann zugeschrieben wurden. In diesen Arbeiten ist Elia noch bewegter als Giovanni, die Formen sind voller und stärker ausladend, zuweilen bis zur Manier. Sein Sohn P e t e r   C a n d i d, der Holländer A .   d e   V r i e s u. A. sind vorübergehend in Italien thätig gewesen. Ein anderer Niederländer, P i e t r o   F r a n c a v i l l a (aus Cambray 1548—1618), ist Schüler Giovanni's, dessen Entwürfe er in der späteren Zeit mehrfach ausführte, jedoch mit wenig Glück (zuerst in Florenz, später in Genua beschäftigt). Unter den Italienern, die mit diesen Niederländern gleichzeitig in Florenz thätig sind, ist nur ein anderer Schüler des Gio. di Bologna, P i e t r o   T a c c a († um 1650) in seinen dekorativen Bronzen (Brunnen auf der Piazza dell' Anunziata, Bronzedekorationen im Giardino Boboli u. s. f.), von wirklicher Originalität, glücklicher Phantasie und Lebenswahrheit.

Die reiche Sammlung kleiner Bronzefiguren im Berliner Museum enthält eine beträchtliche Anzahl Arbeiten von

Künstlern dieser Richtung.

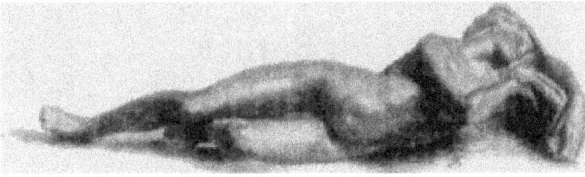

639B. Schlafende Nymphe, Bronzefigürchen von Benv.
Cellini (?).

Der Barock

(um 1630 bis 1780).

Die Bildwerke des Gio. da Bologna sowie verschiedener seiner Zeitgenossen und Nachfolger entsprechen in höherem Grade den Gesetzen der Plastik, als die der meisten übrigen Bildhauer der vorgeschrittenen Hochrenaissance. Die Schönheit der einzelnen Figur oder Gruppe an sich, durch den Reiz ihrer Konturen, glückliche Bewegung, schöne Körperbildung und vollendete Durchbildung war das vornehmste Streben dieser Künstler; freilich eine Schönheit, die weniger auf treue Wiedergabe der Natur als auf das Wohlgefällige, sinnlich Reizende der Erscheinung ausging. Alle diese Bildwerke, selbst die Reliefs (die schwächste Seite dieser Künstler), wirken daher für sich allein, auch ohne Rücksicht auf die Architektur, mit der sie zum Teil verbunden waren. In dieser Richtung entwickelte sich aber die italienische Plastik nicht weiter. Vielmehr wurde derselbe Geist, der die Architektur Italiens schon seit dem Anfange des XVII. Jahrh. beherrschte, nun auch in der Plastik lebendig und kam durch einen auf diesem Gebiete hochbegabten Künstler, durch Bernini, rasch zu unumschränkter Herrschaft. Das malerische Prinzip ist das bestimmende Gesetz des Barocks, auch für die Plastik. Nicht mehr die abgeschlossene Wirkung des Bildwerks an sich, sondern die malerische Zusammenwirkung desselben mit der Architektur und gelegentlich auch mit der Landschaft wird von den Künstlern in so rücksichtsloser Weise angestrebt, daß das einzelne Bildwerk, aus seinem Zusammenhange herausgelöst, meist als Karikatur erscheint. Diese unplastische Auffassung der Skulptur ist aber nicht etwa die Folge und bewirkt auch keineswegs ein

Zurücktreten der plastischen Thätigkeit in Italien: vielmehr ist die Zahl der Bildhauer, unter denen hochbegabte, eine sehr große, und der Umfang ihrer Werke wie die Pracht des Materials sind so außerordentlich, daß keine andere Zeit darin mit dem Barock wetteifern kann.

In bewußtem Gegensatze zur Hochrenaissance und seiner manieristischen Ausartung erstrebt die Barockplastik wieder eine treue Wiedergabe der Natur; aber dieser Naturalismus ist ganz eigener Art, völlig verschieden von dem, was das Quattrocento darunter verstand. Der Barock will die Wirklichkeit in der Form wie in der Empfindung, und diese hat für ihn eine künstlerische Berechtigung nur in der Bewegung, im Affekt. Das Wirkliche hat für die Künstler des Seicento seine volle Bedeutung, ohne Rücksicht auf Schönheit, ohne die Regeln des klassischen Altertums. In der Plastik, der die Mittel der Farbe, des Helldunkels, der Darstellung in der Fläche abgehen, erscheint dieses Wirkliche aber gar zu leicht als platte Gemeinheit, sowohl in den Formen wie in der Auffassung.

Das dramatische Prinzip der Zeit, das unplastische Bestreben, selbst die Einzelfigur im Moment der Handlung in ihrer Bethätigung der inneren Erregung darzustellen, mußte von vornherein zu einer starken Übertreibung der Formen führen, welche bei der Gewöhnlichkeit derselben doppelt unangenehm auffällt. Die Männlichkeit wird zu karikierter Schaustellung der Muskeln, die weibliche Schönheit wird in üppiger Fleischesfülle gesucht und die Kenntnis der Formen in anatomischen Bravourstücken zur Schau getragen. Die Gewandung wird nach rein malerischen Prinzipien belebt und in ihren tiefen, oft wie vom Winde aufgebauschten Falten wird auf den Körper darunter keine Rücksicht mehr genommen. Dafür thut sich der Realismus etwas darauf zu Gute, die Stofflichkeit der Gewänder mit größter Bravour wiederzugeben, sowohl in

Stärke und Fältelung wie in Glanz und Musterung, gelegentlich auch in der Färbung, für die dann verschiedene Materiale gewählt werden.

Der geistige Inhalt der Bildwerke, dem zu Liebe alle Rücksichten auf plastische Wiedergabe der Form geopfert werden, ist genau so nichtig und äußerlich, wie die Erscheinung der Bildwerke. Die innere Erregung dieser Gestalten ist in der Regel nur eine gemachte, und bei Einzelfiguren ist das Motiv dafür oft so bei den Haaren herbeigezogen, daß sie geradezu lächerlich wirken. Die Heiligen müssen mit ihren Gewändern, ihren Attributen und Marterinstrumenten spielen und kokettieren, nur um bewegt zu erscheinen; statt fest aufzustehen, verrenken sie sich in halb tänzelnder, halb schwebender Bewegung.

Geeigneter für eine solche Auffassung mußte die Gruppe sein. In der That füllt der Barock die Altäre und Wände der Kirchen, gelegentlich auch ihre Fassaden, die Plätze und Gärten mit großen pomphaften Gruppen von Martyrien, von schwülstigen Allegorien und üppigen mythologischen Scenen. Aber auch hier wird der Affekt meist zur Affektation oder zu widerwärtigem Pathos. Die Grabmonumente werden zu prunkvollen Aufführungen, bei denen unverständliche allegorische Gestalten den Jammer über den Tod, den Triumpf über die irdische Vergänglichkeit oder die Verherrlichung des Verstorbenen zum Ausdruck bringen sollen. Diese großen Grabmäler, die Wandaltäre u. s. f. erscheinen in der Gesamtwirkung ihrer Gruppen und Einzelfiguren wie riesige, malerische Hochreliefs, das Relief selbst aber ist in dieser Epoche eigentlich nicht viel mehr als eine auf einem Hintergründe aufgeklebte Gruppe. Nur als malerische Wirkung hat dasselbe hier und da noch einige Bedeutung.

Neben so großen Schwächen und Fehlern, die sich in der

Masse der Werke und in ihrem außerordentlichen Umfange um so stärker aufdrängen, übersieht man leicht die eigentümlichen Vorzüge, die auch dieser Stil für gewisse Zwecke und in gewissen Zweigen der plastischen Kunst aufzuweisen hat. Am augenfälligsten ist der dekorative Wert der Barockskulptur; sie bildet gewissermaßen einen integrierenden Teil der Architektur dieser Zeit, die ohne sie gar nicht zu denken ist und ihre Wirkung hauptsächlich mit durch den plastischen Schmuck erhält. Den großen Altargruppen, den riesigen Wanddekorationen, den Einzelfiguren in den Nischen und auf den Gesimsen können wir erst dann einigermaßen gerecht werden, wenn wir sie in ihrer Gesamtwirkung mit der Architektur betrachten, mit der und für die sie erdacht und ausgeführt wurden. Ganz besonders glücklich sind die Barockbildhauer, wenn ihre Figuren und Gruppen mit den reichen Formen der Natur zusammenwirken können oder von der freien Luft sich abheben: in den Figuren zwischen den Hecken der Gärten, in den Gruppen auf den Fontänen und Brunnen mit ihren barocken Felsen und den stürzenden Wassermassen. Mit großem Erfolge pflegen die Künstler dieser Zeit auch die Porträtdarstellung: die Porträtbüsten, gelegentlich auch die Statuen verbinden treffende Lebenswahrheit mit malerischer Breite der Anordnung und vornehmer Grandezza der Auffassung. Endlich kommt der Gefühlsausdruck in dieser Zeit wenigstens in Einer Gestalt vorteilhaft zur Geltung, in der Darstellung des Kindes. Freilich ist die Auffassung nicht mehr die naive, schlichte wie im Putto des Quattrocento; vielmehr sucht die Zeit auch in ihren Kindergestalten den Eindruck des Gefühlvollen, des reich bewegten Lebens hervorzurufen. Aber die Einfältigkeit der Kindernatur verhindert hier doch in der Regel Übertreibungen, und die naturalistische Behandlung der Zeit war zudem einer glücklichen Behandlung der Motive aus dem Kinderleben entschieden günstig.

273. Marmorbüste des Malers Carlo Maratti von Franc. Maratti (?).

Der große, seine Zeit völlig beherrschende Künstler der Barockskulptur ist der Neapolitaner L o r e n z o B e r n i n i (1598 bis 1680). Der Hauptort seiner Thätigkeit und seitdem der eigentliche Mittelpunkt des Barocks ist Rom. Aber die Barockkunst ist keineswegs der einen oder anderen Stadt oder Provinz Italiens mehr oder weniger eigentümlich; sie ist über ganz Italien verbreitet und erzeugt überall zahlreiche Monumente, deren Charakter im Wesentlichen derselbe ist. Ja dieser ist auch nicht einmal mehr ein spezifisch italienischer; denn er wird wesentlich mit bestimmt durch die zahlreichen niederländischen und französischen Bildhauer, die namentlich in Rom vorübergehend oder dauernd thätig waren: die D u q u e s n o y (in Italien unter den Namen Fiammingo bekannt), P u g e t, H o u d o n, L e g r o s u. s. f. Die meisten dieser Künstler erscheinen neben den gleichzeitigen Italienern maßvoller, in ihrem Naturalismus naiver und gesunder, und sind daher in ihren Einzelstatuen, ihren Büsten und Kinderdarstellungen den Italienern mehr oder weniger überlegen.

Die Berliner Sammlung hat nur eine verhältnismäßig kleine Zahl von Bildwerken dieser Epochen aufzuweisen. Die besten darunter sind ein Paar Marmorbüsten: die große malerisch angeordnete Büste des Malers Carlo Maratti (No. 273), angeblich von F r a n c e s c o M a r a t t i gefertigt, und die kleine sehr individuell gehaltene einfache Büste des Papstes Benedict XIV. (No. 272. um 1750). Die Marmorfigur eines bogenschnitzenden Amors von F r a n z D u q u e s n o y (No. 420) ist eine charakteristische Arbeit dieses für seine Kinderdarstellungen vor Allem berühmten vlämischen Meisters, der etwas von dem Geiste seines älteren Freundes Rubens in sich hatte. Auf L o r e n z o B e r n i n i selbst geht das geistreiche Thonmodell einer Fontäne zurück (No. 271A), ein Paar Seemenschen, die einen gewaltigen Fisch in die Höhe halten; als Modell wie durch das Motiv ganz besonders geeignet, den Künstler von der vorteilhaftesten Seite kennen zu lernen.

Nach der Mitte des XVIII. Jahrh. nimmt sich die italienische Kunst noch einmal zu einer letzten großen Leistung zusammen, freilich nur an einem Ort und in sehr beschränktem Kreise. Aber die letzte kurze Blüte der venezianischen Malerei, die in einem Tiepolo, Canale, Bellotto, Guardi Künstler aufzuweisen hat, deren malerischer Sinn und technische Meisterschaft die höchste Bewunderung verdienen, hat die Entwickelung der Plastik völlig unberührt gelassen. Gerade in Venedig wurde, noch unter den Augen jener trefflichen Maler, der Künstler groß, dessen Namen vor Allen mit der Wiedergeburt der Kunst verbunden zu werden pflegt, der insbesondere den Grundstein zur modernen Plastik gelegt hat: A n t o n i o C a n o v a (geb. 1757). In der schroffen Reaktion gegen die völlig unplastische Empfindung des Barocks fällt Canova zwar in eine nüchterne und phrasenhafte Nachahmung der Antike, die noch inhaltloser und unwahrer ist als die phrasenhaftesten Skulpturen des Barocks; aber er hat doch das Verdienst gehabt, die plastische Kunst wieder in ihre eigentliche Bahn einzulenken.

Verzeichnis der Künstlernamen.

(Die Zahlen hinter den Namen bedeuten die Seiten.)

www.ingramcontent.com/pod-product-compliance
Lightning Source LLC
Chambersburg PA
CBHW030732280326
41926CB00086B/1157